Lerne SKAT

Eine Spielanleitung für Anfänger

von Erich Rohrmayer

AF648068

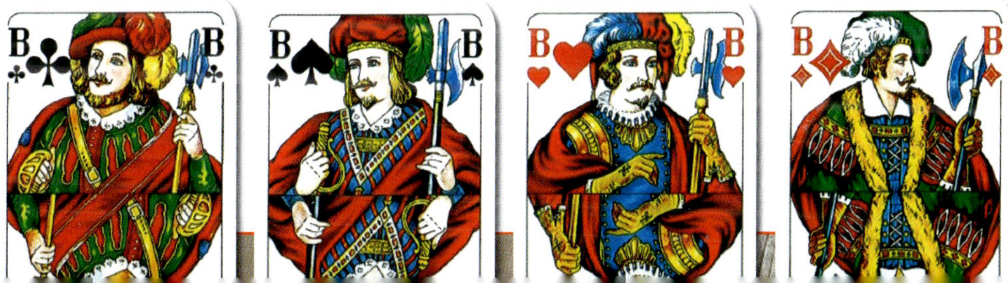

Vorwort

Warum ein Lehrbuch für Skat?

Lieber Leser,

von vielen, gerade jungen Leuten höre ich immer wieder das gleiche Lied: Dieses oder jenes Kartenspiel würde ich schon gerne lernen, es gibt aber niemanden, der es mir beibringt. Dadurch, dass es auch nicht leicht ist, einfach mal bei den sogenannten Profis mitzuspielen bzw. diese gar nicht gewillt sind, Anfänger einfach mitspielen zu lassen, ist der Einstieg für Neulinge mit erheblichen Hürden verbunden oder fast unmöglich geworden.

Nachdem meine Lehrbücher über die bayerischen Kartenspiele Schafkopfen, Watten und Wallachen sehr gut angenommen werden, hat mich mein Arbeitskollege Richard Scheller angesprochen, ob ich nicht so etwas auch über Skat machen könnte. Da ich selbst bis dahin kein Skat gespielt hatte, hat er sich als Lehrer zur Verfügung gestellt. Nachdem ich zusammen mit ihm alle notwendigen Materialien aufbereitet und diese mit einigen erfahrenen Skat-Spielern besprochen habe, wage ich nun also mit diesem Buch meinen ersten Ausflug in die Welt der französischen Karten und hoffe, damit neue Spieler für dieses ebenfalls wunderschöne Spiel gewinnen zu können.

Im gesamten Buch spreche ich von „dem Spieler“. Die Feministinnen unter Ihnen bitte ich um Verständnis, wenn ich aus Gründen der Vereinfachung „der Spieler/die Spielerin“ mit der männlichen Form abkürze. Selbstverständlich ist auch jede „Spielerin“ sehr herzlich eingeladen, das Skat-Spiel zu erlernen.

Für Ihr Interesse bedanke ich mich sehr herzlich und wünsche Ihnen viel Spaß beim Lernen!

Ihr

Erich Rohrmayer

Impressum

www.rohrmayer.de

1. Auflage 2016
Satz/Druck: Plano Print GmbH, 84069 Schierling
ISBN: 978-3-95587-035-5

Der Autor

Über mich

Aufgewachsen in einem (damals) niederbayerischen Wirtshaus, bin ich bereits als kleiner Bub sehr intensiv mit verschiedensten Kartenspielen in Berührung gekommen. Wie lange ich nur zugeschaut habe und wann ich angefangen habe, selbst zu spielen, kann ich heute nicht mehr genau sagen. Sicher bin ich aber seit ca. 40 Jahren als Spieler aktiv.

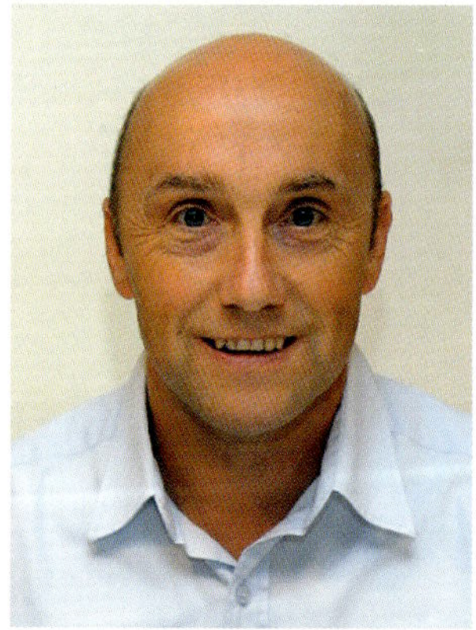

Neben der jahrzehntelangen Erfahrung im Kartenspielen zähle ich auch eine Ausbildung in Moderation und Präsentation zu meinen Qualifikationen, so dass ich mich geeignet fühle, Ihnen diese Spiele in professioneller Weise beizubringen.

Aktuelle Informationen über meine Aktivitäten im Bereich der Wirtshaus-Kartenspiele finden Sie auf meiner Homepage www.rohrmayer.de.

Inhaltsverzeichnis

1. Einführung

1.1. Historie

Die Entstehung des Spiels

Während Schafkopf bereits um das Jahr 1500 gespielt wurde und somit eines der ältesten Kartenspiele überhaupt ist, wurde Skat erst wesentlich später daraus entwickelt. Im Jahr 1813 wurde es zum ersten Mal in Altenburg vorgestellt. In derselben Stadt fand im August 1886 zudem der erste deutsche Skatkongress statt. Auch die Gründung des Deutschen Skatverbands erfolgte im Jahr 1899 in der „Skatstadt“. Am 1. Dezember 2001 wurde dort schließlich auch das Internationale Skatgericht eingerichtet, „das über strittige Fälle entscheidet.“[1]

„Der Begriff Skat geht nach allgemeiner Ansicht auf das lateinischstämmige Verb scartare ... oder das darauf basierende französische écarter (vgl. Écarté) zurück und bedeutet sinngemäß ‚das Weggelegte‘. Damit sind die beiden Karten gemeint, die beim Geben verdeckt beiseitegelegt und Skat oder auch Stock genannt werden.“[2]

1.2. Ziel des Buches

Was Sie erlernen können

Mit diesem Buch möchte ich Ihnen die Regeln und Strategien des Skat soweit vermitteln, dass Sie in der Lage sind, ein Spiel gegen zwei Gegner aufnehmen zu können.

Dazu ist es am Anfang wichtig, erst einmal die Grundbegriffe und -regeln sowie den Ablauf eines Spiels kennenzulernen. Anschließend erkläre ich Ihnen die drei Spielarten des Skat: das Farbspiel, das Nullspiel und den Grand.

Um den Umfang des Buches nicht zu sprengen, beschränke ich mich auf die offiziellen Regeln dieser drei Spielarten und verzichte auf regionale Unterschiede. Keine Angst: Wenn Sie diese verstanden haben, können Sie sich die regionalen Varianten auch kurzfristig direkt am Skat-Tisch erklären lassen. Es handelt sich in den allermeisten Fällen einfach um Abwandlungen.

Bei der Beschreibung der drei Spielarten gehe ich nach der Internationalen Skatordnung (ISkO) des Internationalen Skatgerichts vor. Danach folgt eine ausführliche Erläuterung darüber, wie Sie den Wert eines Spiels ermitteln.

1.3. Aufbau

Wie Sie am besten vorgehen

Dieses Buch ist so aufgebaut, dass Sie es einfach von vorne nach hinten durchlesen können. Nachdem Sie einmal durch sind, eignet es sich auch als Nachschlagewerk, um jederzeit einzelne Punkte nachzulesen.

2. Grundregeln/ Begriffe

2.1. Voraussetzungen

Was Sie vor Beginn wissen sollten

Um Skat mit diesem Buch erlernen zu können, sind nur sehr wenige Vorkenntnisse notwendig. Wichtig ist vor allen Dingen, dass Sie die 32 Karten eines französischen Kartenspiels, also die vier Farben Kreuz, Pik, Herz und Karo sowie die acht Kartenwerte Sieben, Acht, Neun, Zehn, Bube, Dame, König und Ass kennen.

Des Weiteren ist es hilfreich, z. B. von einem anderen Kartenspiel, zu wissen, was ein „Stich“ ist. Falls Sie diesen Begriff nicht kennen, müssen Sie sich dennoch keine Sorgen machen. Er wird im Abschnitt 3.4., Das (eigentliche) Spiel, erläutert.

Weitere Kenntnisse setze ich nicht voraus. Wenn Sie die bayerischen Kartenspiele Schafkopf und Wallachen kennen, kann dies durchaus hilfreich sein. Einige Elemente aus diesen beiden Spielen werden Sie in diesem Buch wiederfinden.

2.2. Anzahl der Spieler

Wie viele Spieler man braucht

Skat wird zu dritt gespielt. Um einen vierten Spieler einzubinden, setzt jeweils einer der Spieler aus. Wie das funktioniert, erfahren Sie im weiteren Verlauf des Buches.

2.3. Sitzverteilung

Wer wo sitzt

Zum Skat setzen sich die drei Spieler – ich nenne sie hier Spieler A bis C – an einen Tisch mit Blick zueinander und nehmen ein Päckchen französischer Spielkarten zur Hand.

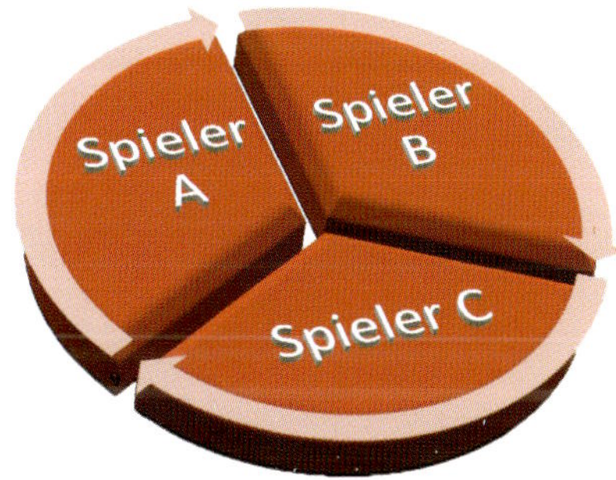

2.4. Spielarten

Welche verschiedenen Spiele es gibt

Beim Skat gibt es drei verschiedene Spielarten:

- Farbspiel
- Nullspiel
- Grand

2.5. Die Zählwerte (Augen)

Welche Karten wie viel wert sind

Eine Besonderheit beim Skat ist die Tatsache, dass die Wertigkeit einer Karte nicht mit der aufgedruckten Zahl oder dem aufgedruckten Buchstaben, also Ass > König > Dame > Bube > Zehn > Neun > Acht > Sieben übereinstimmt. Stattdessen ist die Wertigkeit der Karten in der Reihenfolge ihrer Zählwerte festgelegt. Diese sollten Sie sich gut einprägen, bevor Sie mit dem Spielen beginnen.

Die Zählwerte der Karten sind wie folgt (bereits nach Wertigkeit sortiert):

- Ass = 11 Augen
- Zehn = 10 Augen
- König = 4 Augen
- Dame = 3 Augen
- Bube = 2 Augen
- Neun = 0 Augen (ohne Zählwert)
- Acht = 0 Augen (ohne Zählwert)
- Sieben = 0 Augen (ohne Zählwert)

Da es von jeder Karte vier Stück gibt (eine in jeder der vier Farben), summiert sich der Zählwert aller Karten zusammen auf 120 Augen.

Wie bereits erwähnt, legen die Zählwerte nicht nur die Anzahl der Punkte fest, die ein Spieler mit ihr sammeln kann, sondern auch die Wertigkeit, d.h. wie hoch eine Karte ist, damit sie eine andere Karte stechen kann. Die Rangfolge der Karten ist also Ass > Zehn > König > Dame > Bube > Neun > Acht > Sieben. In der folgenden Abbildung sehen Sie die Kartenwerte am Beispiel der Farbe Kreuz. Ganz links sehen Sie das Ass als höchste Karte und ganz rechts die Sieben, die die niedrigste Karte ist.

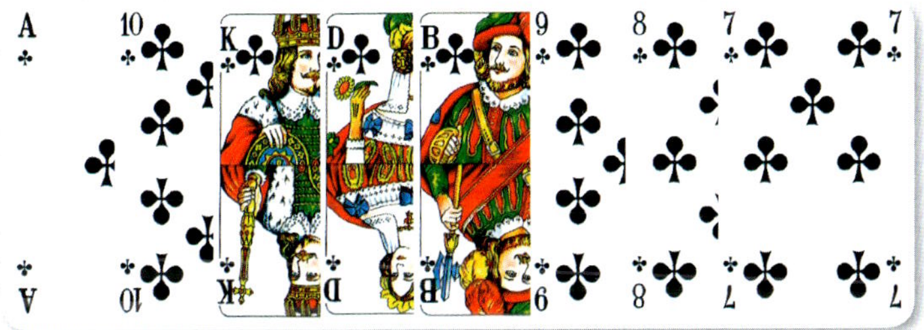

Die Besonderheit ist also, dass eine Zehn höherwertig ist als ein König, eine Dame und ein Bube und diese somit stechen kann. Grundsätzlich betone ich deshalb, weil die Buben bei den verschiedenen Spielen eine herausragende Bedeutung als Trümpfe haben können, die sie über diesen Grundsatz hinwegsetzen.

Als einprägsame Kurzfassung empfehle ich Ihnen, sich die Redewendung „Zehn sticht König“ zu merken.

Wichtig: Grundsätzlich wird eine Karte von einer höheren Karte derselben Farbe immer gestochen. Jede Farbe muss aber separat betrachtet werden.

2.6. Übung: Augen zählen

Wie viele Augen ein Stich enthält

Weil die Anzahl der Augen von so grundlegender Wichtigkeit ist, widme ich ihr noch ein eigenes Kapitel, um das Zählen einzuüben. Dazu habe ich in den folgenden Übungen einige typische Stiche zusammengestellt. Ihre Aufgabe ist es nun, die Punkte dieser Stiche zusammenzuzählen oder, mathematisch ausgedrückt, die Summe der Augen dieser Stiche zu bilden.

Übung 1: In der folgenden Abbildung sehen Sie einen Stich mit zwei Buben und einer Dame:

Aufgabe: Wie viele Augen hat dieser Stich?

Lösung: Da eine Dame 3 Punkte zählt und ein Bube 2 Punkte, ergibt sich als Summe 7 Punkte. Oder mathematisch formuliert: $2 + 2 + 3 = 7$.

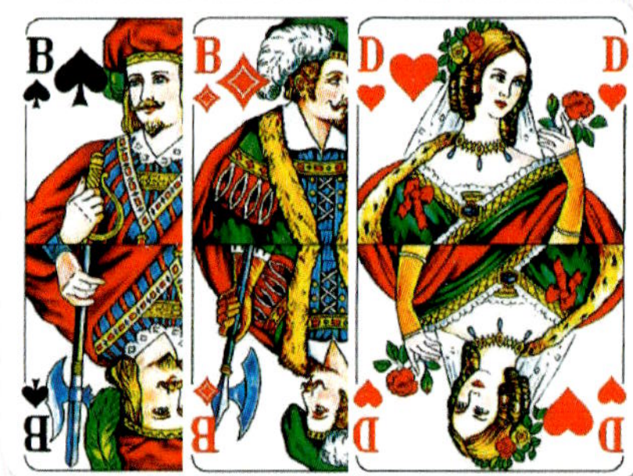

Übung 2: In der folgenden Abbildung sehen Sie einen Stich mit einem Buben, König und Ass:

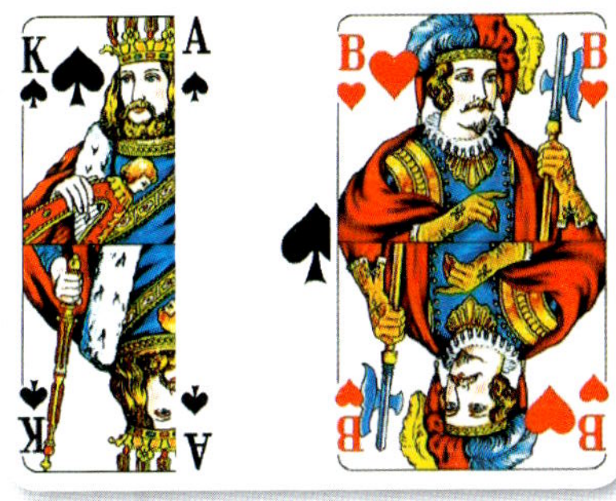

Aufgabe: Wie viele Augen hat dieser Stich?

Lösung: Da ein König 4, ein Ass 11 und ein Bube 2 zählt, ergibt sich als Summe 17 Punkte. Oder mathematisch formuliert: 4 + 11 + 2 = 17.

Übung 3: In der folgenden Abbildung sehen Sie einen Stich mit einer Zehn sowie zwei Assen:

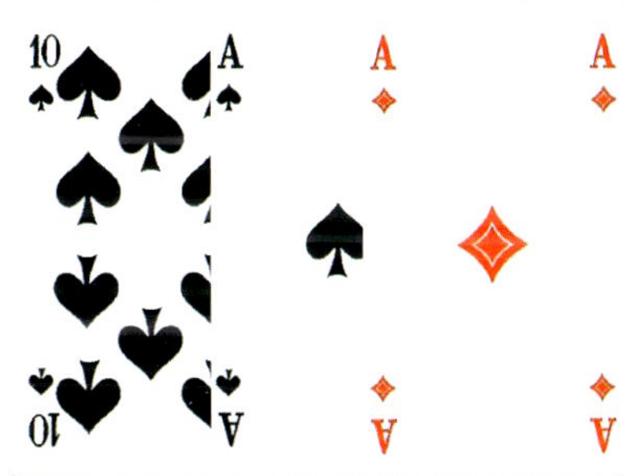

Aufgabe: Wie viele Augen hat dieser Stich?

Lösung: Da eine Zehn 10 und ein Ass 11 Punkte zählt, ergibt sich als Summe 32 Punkte. Oder mathematisch formuliert: 10 + 11 + 11 = 32.

2.7. Ziel des Spiels

Wann ein Spiel gewonnen ist

In jedem Spiel wird einer der drei Spieler zum Spielmacher. Er spielt alleine. Die beiden anderen Spieler gehören zusammen und sind seine Gegner. Je nach Spielart verfolgen der Spielmacher und seine Gegner unterschiedliche Ziele.

Hinweis: Wie der Spielmacher ermittelt wird, erfahren Sie in Kapitel 3, Der Ablauf eines Spiels.

2.7.1. Farbspiel und Grand

Wenn um Punkte gespielt wird

Nach Ablauf des Spiels wird gezählt, wie viele Punkte jede Partei erzielt hat.

Im Lauf des Spiels versucht der Spielmacher, mit seinen Stichen und den Augen der beiden Skat-Karten so viele Punkte wie möglich, auf jeden Fall aber mehr als die Hälfte der Gesamtpunkte, also 61 Augen, zu erreichen. Dies ist die Grundvoraussetzung für einen Spielgewinn. Was sonst noch notwendig ist, damit der Spielmacher als Sieger eines Spiels hervorgeht, erfahren Sie in aller Ausführlichkeit im weiteren Verlauf dieses Buches.

Im Gegensatz dazu versuchen die Gegner des Spielmachers zu verhindern, dass dieser 61 Punkte sammelt. Dazu ist es notwendig, dass sie selbst mindestens 60 Augen in ihren Stichen haben.

Wichtig:

- Es zählt einzig und allein die Punktezahl der Karten in den Stichen und nicht, wie viele Stiche der Spielmacher bzw. seine Gegner machen!
- Die beiden abgelegten Karten aus dem Skat zählen für den Spielmacher!

2.7.2. Nullspiel

Wenn Sie keinen Stich machen dürfen

Bei einem Nullspiel darf der Spielmacher keinen einzigen Stich machen. Die beiden Gegner versuchen, den Spielmacher zu einem Stich zu zwingen.

3. Der Ablauf eines Spiels

Die vier Phasen

Jedes Spiel besteht aus den folgenden vier Phasen:

- Phase 1: Das Verteilen der Karten
- Phase 2: Das Reizen
- Phase 3: Das Austauschen des Skat
- Phase 4: Das (eigentliche) Spiel

3.1. Das Verteilen der Karten

Phase 1

Wie bei jedem anderen Kartenspiel müssen auch beim Skat zuerst die Karten verteilt werden. Dazu bestimmen die drei Spieler einen aus ihren Reihen, der das erste Spiel gibt. Zwei häufig praktizierte Methoden hierfür seien hier genannt: Das Lebensalter („der Jüngste gibt“) oder Abheben („die höchste Karte gibt“). In unserem Beispiel ist es Spieler C, der mit dem Ausgeben beginnt.

Dazu mischt er die 32 Karten und legt sie dann seinem rechten Nachbarn (dem „Heber“; hier Spieler B) verdeckt zum Abheben auf den Tisch. Der Heber hebt einmal ab. Das heißt, er nimmt einen Teil der Karten vom Stapel und legt ihn, ohne ihn umzudrehen und die abgehobene Karten anzuschauen, neben dem anderen Teil der Karten auf den Tisch. Der Geber nimmt die liegengebliebenen Karten und legt sie auf den abgehobenen Teil der Karten.

Wichtig: Es müssen mindestens vier Karten abgehoben werden und es müssen mindestens vier Karten auf dem ursprünglichen Stapel verbleiben.

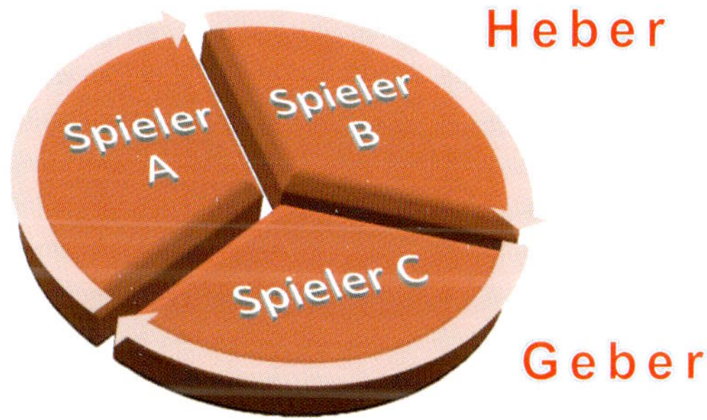

Anschließend teilt der Geber im Uhrzeigersinn in drei Runden zuerst drei, dann vier und schließlich wiederum drei Karten aus, so dass jeder Spieler zehn Karten erhält. Er beginnt bei seinem linken Nachbarn (Spieler A). Der Geber selbst ist somit der letzte Spieler, der die 3 bzw. 4 Karten in jeder Runde erhält.

Soll ein vierter Spieler mit eingebunden werden, ist der Geber derjenige, der im nun folgenden Spiel aussetzt. Er gibt die Karten an seine drei Mitspieler aus.

Nach der ersten Runde, wenn also jeder Spieler drei Karten hat, legt der Geber zwei Karten, die nicht ausgegeben werden, verdeckt auf den Tisch. Diese beiden Karten bilden den sogenannten „Skat“. Sie dürfen nur vom Spielmacher angeschaut werden. Mehr darüber erfahren Sie etwas später (in Phase 3).

Wichtig: Das Mischen und Verteilen muss verdeckt geschehen, so dass kein Spieler auch nur irgendeine Karte einsehen kann. Wird beim Geben eine Karte aufgedeckt, muss (vom selben Geber) noch einmal gegeben werden. Dies ist auch der Fall, wenn ein Spieler zu viel oder zu wenig Karten bekommen hat.

3.2. Das Reizen – Teil 1

Phase 2

Nachdem alle drei Spieler ihre zehn Karten aufgenommen haben, bewerten Sie diese für sich hinsichtlich der drei Spielarten. „Auf die richtige Einschätzung kommt es an“[2], damit Sie mit der richtigen Strategie in die nun folgende Phase des Reizens gehen. Im Wesentlichen müssen Sie die Frage beantworten, ob Ihre Karten für eine der drei Spielarten geeignet sind oder nicht. Um Ihre Karten jedoch richtig analysieren zu können, müssen Sie zuerst die Spielarten im Einzelnen kennenlernen und wissen, wie viel ein Spiel wert sein kann. Daher gehe ich in diesem Abschnitt nur darauf ein, wie der Reizvorgang abläuft, und komme in einem zweiten Teil am Ende des Buches darauf zurück, wie Sie Ihren Reizwert richtig einschätzen können.

Nachdem also die drei Spieler ihre Karten gesichtet haben, wird per Reizen ermittelt, welcher Spieler zum Spielmacher wird. Dazu betrachten wir uns zunächst die Sitzpositionen:

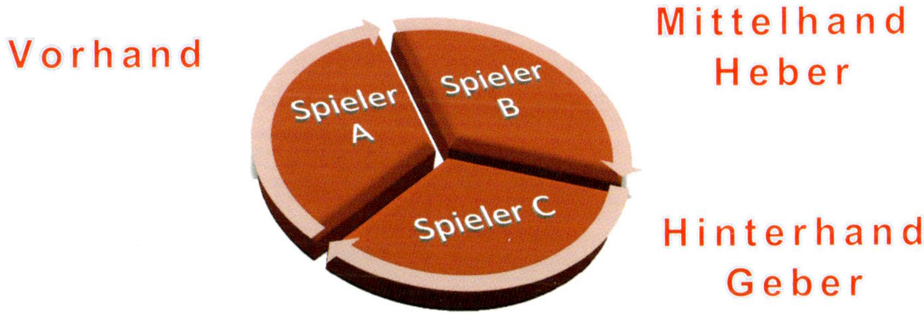

Wenn zwei oder gar alle drei Spieler ein Spiel machen wollen, kommt es zu einem Konflikt, denn eines ist sicher: Nur ein Spieler kommt als Spielmacher zum Zug. Wie wird nun also ermittelt, welcher Spieler das Recht erhält, das Spiel zu machen? Dieses Verfahren nennt man das „Reizen“ und es läuft wie folgt ab.

3.2.1. Das erste Gebot des Spielers in Mittelhand

Wer beginnt?

Es beginnt der Spieler in Mittelhand: Denkt Spieler B aufgrund der erhaltenen Karten, ein Spiel in einer der drei Spielarten machen zu können, bietet er üblicherweise auf den niedrigsten möglichen Spielwert und erklärt „18“.

Hinweis: Welche Karten Sie für welche Spielart haben sollten, um spielen zu können, und wie der Wert eines Spiels ermittelt wird, wird im weiteren Verlauf des Buches in aller Ausführlichkeit erklärt.

Hat Spieler B keine passenden Karten erhalten, um ein Spiel machen zu können, erklärt er „Weiter“ oder „Ich passe“.

3.2.2. Die Reaktion des Spielers in Vorhand

Wer als nächstes an der Reihe ist

Denkt der Voransitzende (Spieler A), dass er den von Spieler B gebotenen Wert mit seinen Karten nicht erreichen kann, sagt er „Ich passe“ oder „Weiter“. Will er aber selbst ein Spiel mit diesem oder einem noch höheren Wert machen, erwidert er „Das halte ich“ oder „Ich halte“. Das Recht

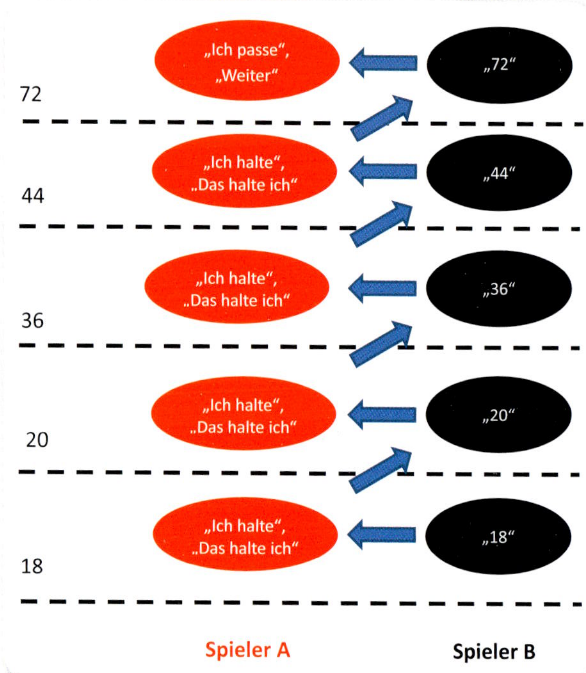

zu spielen liegt nun wieder bei Spieler A, denn bei gleichrangigen Spielen entscheidet die Sitzreihenfolge, wer Spielmacher wird. Der nachfolgende Spieler (Spieler B) kann nun erneut mit einem höherwertigen Gebot zum Zug kommen, indem er z.B. „20“ sagt. Dieses stufenweise Steigern bzw. Reizen geht so lange, bis einer der beiden Spieler mit „Ich passe“ oder „Weiter“ aussteigt und somit dem anderen Spieler das Spielrecht überlässt.

Ein Beispiel finden Sie in der nebenstehenden Grafik. Spieler B steigert sein Gebot solange, bis Spieler A aus dem Reizen aussteigt.

Hinweis: Wie Sie richtig reizen, finden Sie in Kapitel 9, Das Reizen - Teil 2. Dazu müssen Sie allerdings zuerst die drei Spielarten kennen (Kapitel 5 bis 7) und wissen, auf welche Spielwerte gereizt werden kann. Diese finden Sie in Kapitel 8, Die Ermittlung des Spielwertes. Nehmen Sie daher an dieser Stelle nur mit, wie das Reizen vor sich geht.

3.2.3. Der Spieler in Hinterhand

Wer zuletzt einsteigt

Haben die beiden Spieler in Vorhand und Mittelhand (Spieler A und B) diese Prozedur beendet, kann jetzt auch noch der Spieler in Hinterhand (Spieler C) in das Reizen einsteigen und nach demselben Verfahren den bisher spielberechtigten Spieler (A oder B) überbieten.

Hat sich keiner der ersten beiden Bieter bereit erklärt, ein Spiel zu machen, kommt Spieler C auf einfache Weise zu seinem Spielrecht, wenn er „18“ erklärt. Wenn er keine passenden Karten erhalten hat, um ein

Spiel zu machen oder das bisherige Höchstgebot zu übertreffen, erklärt er „Ich passe“ oder „Weiter“. Hat sich niemand bereit erklärt zu spielen, werden die Karten zusammengeworfen und „der Nächste gibt“, das heißt, der linke Nachbar des aktuellen Gebers wird zum nächsten Geber. In anderen Worten: Die Rolle des Gebers (und damit auch des Hebers) wechselt um eine Position im Uhrzeigersinn.

3.3. Das Austauschen des Skat

Phase 3

Der ermittelte Spielmacher darf nun die beiden Karten aus dem Skat aufnehmen, muss dies aber nicht tun. Verzichtet er darauf, den Skat anzuschauen und die beiden Karten für sich zu nutzen, spielt er „aus der Hand.“ Man spricht auch von einem „Handspiel.“ Welche Auswirkung dieser Verzicht hat, finden Sie in Kapitel 8, Die Ermittlung des Spielwertes.

Entscheidet sich der Spielmacher dafür, den Skat anzuschauen, nimmt er die beiden Karten in sein Blatt und analysiert seine jetzt zwölf Karten. Anschließend legt er die beiden Karten, die ihm am wenigsten helfen oder die ihm am meisten Augen einbringen, wieder verdeckt zurück. Der Skat wird nun bis nach Ende des Spiels nicht mehr angefasst.

Es kann durchaus vorkommen, dass durch die beiden Karten aus dem Skat das strategische Konzept des Spielmachers beeinflusst oder sogar völlig über den Haufen geworfen wird. Er kann es bei der von ihm beabsichtigen Spielart belassen, aber auch seine Spielart ändern.

3.4. Das (eigentliche) Spiel

Phase 4 – Wie ein Spiel abläuft

Der Spielmacher sagt die vom ihm gewählte Spielart an. Der erste Schritt des eigentlichen Spiels ist das sogenannte „Ausspielen“. Das heißt, der links vom Geber sitzende Spieler (in unserem Beispiel ist dies Spieler A) legt eine seiner Karten als erste Karte, aufgedeckt und somit für alle vier Spieler sichtbar, auf den Tisch.

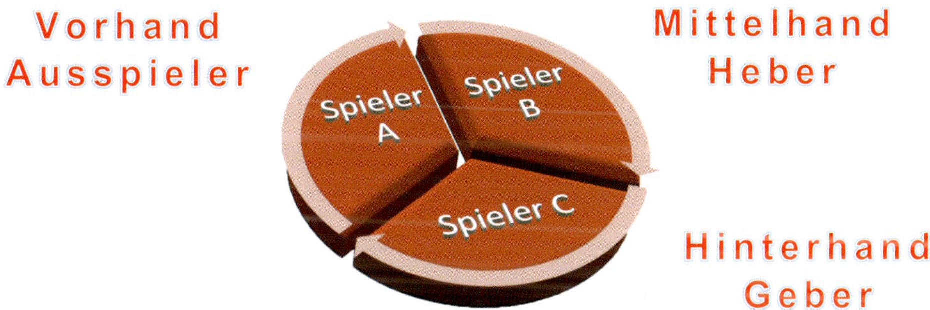

Anschließend legen die folgenden Spieler reihum im Uhrzeigersinn eine Karte dazu. Die höchste Karte sticht. Den Stich, also die drei Karten zusammen, erhält der Spieler, der die höchste Karte, also die stechende Karte auf den Tisch gelegt hat.

Dazu legt er die drei Karten zusammen auf einen Stapel, dreht sie um (verdeckt sie somit) und legt sie vor sich auf dem Tisch ab. Der erste Stich ist somit vorbei und es beginnt der zweite.

Wichtig: Es spielt immer derjenige aus, der den vorhergehenden Stich gemacht hat.

3.5. Das Ende eines Spiels

Wann ein Spiel beendet ist

Das Spiel ist regulär beendet, wenn:

- alle zehn Stiche gemacht sind (bei Farbspiel und Grand) oder
- der Spielmacher einen Stich gemacht hat (bei einem Nullspiel)

3.6. Das Spielergebnis

Wer gewonnen hat

Je nach Spielart wird ein unterschiedliches Ziel verfolgt. Somit wird auch der Sieger eines Spiels unterschiedlich ermittelt.

3.6.1. Farbspiel und Grand

Wenn Spielwert mit Reizwert verglichen wird

Nach Ablauf des Spiels wird gezählt, wie viele Punkte jede Partei erzielt hat.

Hat der Spielmacher 61 Augen oder mehr erreicht, so hat er das Spiel nach Augen gewonnen. Den Gegnern reichen 60 Augen oder mehr.

Zwei Besonderheiten gibt es, wenn eine Partei deutlich mehr Augen hat als die andere: Hat eine Partei 90 Augen oder mehr (die andere 30 oder weniger) gesammelt, ist die andere „Schneider“.

Hat eine Partei alle Stiche gemacht (die andere keinen einzigen), hat die andere „Schwarz“ verloren.

Hat der Spielmacher sein Spiel nach Augen gewonnen und dabei mit seinem erzielten Spielwert mindestens den beim Reizvorgang gebotenen Wert erreicht, ist er der Sieger dieses Spiels. Er erhält den erzielten Spielwert von jedem seiner Gegner als Punkte oder entsprechenden Geldbetrag.

Haben die beiden anderen Spieler zusammen entsprechend 60 oder mehr Augen in ihren Stichen oder hat der Spielmacher mit seinem erzielten Spielwert den Reizwert nicht erreicht, so haben die Gegner das Spiel gewonnen, der Spielmacher hat somit verloren. Er muss das Doppelte des erzielten Spielwertes an jeden seiner Gegner als Punkte oder Geldbetrag abgeben.

Eine ausführliche Beschreibung, wie der Spielwert ermittelt wird, finden Sie in Kapitel 8, Die Ermittlung des Spielwertes.

3.6.2. Nullspiel

Wenn Sie keinen Stich machen dürfen

Bei einem Nullspiel darf der Spielmacher keinen einzigen Stich machen. Schon beim ersten Stich, den er macht, gilt das Nullspiel als verloren und die beiden anderen Spieler haben gewonnen.

3.7. Nach dem Spiel

Wenn ein Spiel vorbei ist

Nachdem das Ergebnis eines Spiels ermittelt wurde, ist dieses beendet und das nächste Spiel beginnt. Was in Kurzform „Der Nächste gibt“ genannt wird, bedeutet Folgendes: Die Rollen des Gebers und somit auch des Hebers wechseln im Uhrzeigersinn um eine Position. Oder in anderen Worten ausgedrückt: Der Ausspieler des vorherigen Spiels wird zum Geber und der Geber des vorherigen Spiels wird zum Heber.

Soll ein vierter Spieler in die Runde mit eingebunden werden, so setzt der neue Geber nun aus und lässt die anderen drei Spieler das nächste Spiel machen.

4. Der Gang eines Spiels

Wie ein Spiel vor sich geht

Nachdem ich Ihnen in Kapitel 3 bereits den groben Ablauf beschrieben habe, gehe ich in den nun folgenden Abschnitten näher darauf ein, wie ein Spiel konkret durchgeführt wird.

4.1. Aufstecken der Karten

Wie Sie Ihre Karten anordnen sollten

Ich beginne dieses Kapitel mit einem praktischen Tipp, wie Sie am besten mit Ihren zehn Karten zurechtkommen. Nachdem Sie Ihre Karten zur Hand genommen haben, stecken Sie sie nach Farben sortiert jeweils von der höchsten Karte bis zur niedrigsten Karte auf. Aufsteigend oder absteigend spielt keine Rolle. Zum Beispiel: Stecken Sie die Farbe, von der Sie am meisten Karten haben, nach links, dann rechts davon die Karten Ihrer „zweitstärksten" Farbe usw. Eine gute Sortierung erleichtert es Ihnen herauszufinden, ob und wie viele Stiche Sie machen können und wie hoch Sie reizen können. Während des Spielverlaufs hilft es Ihnen zudem, schnell die an der jeweiligen Stelle richtige Karte zu spielen.

Beispiel: Nach dem Ausgeben haben Sie folgendes Blatt:

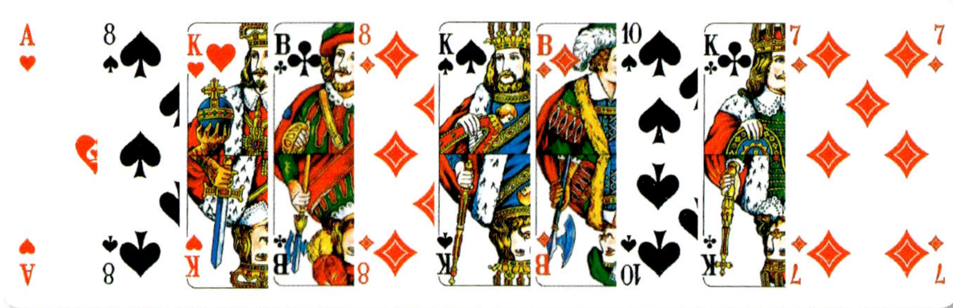

Aufgabe: Stecken Sie die Buben nach ganz links und die anderen Karten nach Farbe sortiert jeweils von der höchsten (links) bis zur niedrigsten (rechts) auf.

Lösung: Da die Buben bei den allermeisten Spielen eine besondere Bedeutung als Trümpfe haben, stecken Sie sie nach ganz links. Die meisten Ihrer anderen Karten haben die Farbe Pik, diese kommen somit gleich nach den Buben in der Reihenfolge Zehn, König und Acht. Rechts daneben alle Karten der Farbe Herz (Ass und Zehn), gefolgt vom Kreuz-König, der die einzige Karte der Farbe Kreuz ist. Die Acht und die Sieben sind die niedrigsten Karten der Farbe Karo. Reihen Sie sie ganz rechts auf.

Ihr Blatt sieht damit wie folgt aus:

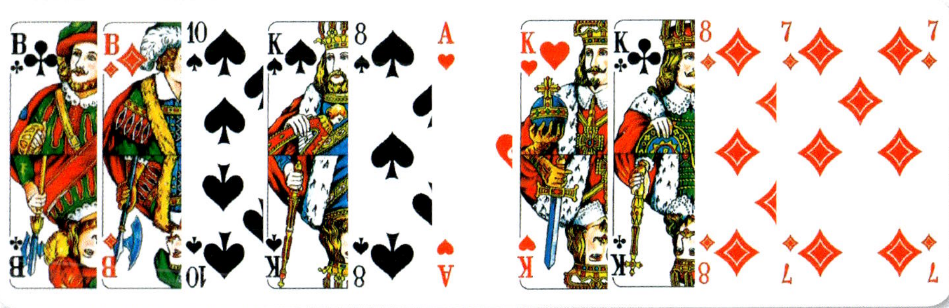

4.2. Das Bedienen (Zugeben)

Welche Karte gespielt werden muss

Lassen Sie mich hier aufgrund der Ähnlichkeit die offizielle Definition des Bayerischen Schafkopfvereins zitieren: „Beim Zuwerfen muss stets, wenn dies möglich ist, die ausgespielte Karte (Farbe oder Trumpf) bedient werden.“[4] Dieser Satz beschreibt zwei wichtige Grundprinzipien beim Spielen: das Trumpf-Zugeben und das Farbe-Zugeben. Dem Ausspieler steht frei, entweder einen Trumpf oder eine Farbkarte auf den Tisch zu legen.

Die anderen beiden Spieler sind an seine Vorgabe (Trumpf oder Farbe) gebunden und müssen entsprechend auch einen Trumpf oder eine Farbkarte auf den Tisch legen (= zugeben). Das gilt aber natürlich nur dann, wenn sie eine dieser Karten in ihren Händen halten. Ist dies nicht der Fall, können sie jedes beliebige Blatt zuwerfen.

Da diese beiden Grundprinzipien von äußerster Wichtigkeit sind und sie beim Spielen unbedingt eingehalten werden müssen, habe ich ihnen im Folgenden eigene Abschnitte gewidmet, in denen ich sie nochmals detailliert beschreibe.

Eine Frage, die an dieser Stelle häufig aufkommt, ist: Welche Karten sind Trümpfe? Die Antwort auf diese Frage ist je nach Spielart unterschiedlich:

- Bei einem Farbspiel macht der Spielmacher eine Farbe zur Trumpf-Farbe. Die vier Buben sowie die anderen sieben Karten dieser Farbe sind dann Trümpfe. Es gibt elf Trümpfe.
- Bei einem Nullspiel gibt es keine Trümpfe. Alle Farben sind gleichberechtigt.
- Bei einem Grand sind nur die vier Buben Trümpfe. Alle anderen Karten sind Farbkarten.

Während das Farbe- bzw. Trumpf-Zugeben Pflicht ist, gibt es keinen Zwang, eine auf den Tisch liegende Karte mit einer höheren Karte zu stechen. Mehr dazu ebenfalls in den beiden folgenden Abschnitten über das Trumpf-Zugeben bzw. das Farbe-Zugeben.

4.2.1. Das Trumpf-Zugeben (nicht bei Nullspiel)

Wenn ein Trumpf ausgespielt wird

Wird vom Ausspieler ein Trumpf auf den Tisch gelegt, müssen die beiden anderen Spieler ein Trumpfblatt zugeben, unabhängig davon, ob dieses höher oder niedriger im Wert ist.

Wer keinen Trumpf in seinen Karten hat, kann jede beliebige Karte zuwerfen.

Wird ein Trumpf ausgespielt und Sie haben mehrere Trümpfe in der Hand, können Sie selbst wählen, welchen Trumpf Sie zugeben wollen. Je nach Strategie kann es besser für Sie sein, einen Trumpf zuzugeben, der im Wert niedriger oder höher ist als der auf dem Tisch liegende.

4.2.2. Das Farbe-Zugeben

Wenn eine Farbkarte ausgespielt wird

Wird vom Ausspieler eine Farbkarte (also kein Trumpf) auf den Tisch gelegt, müssen die beiden anderen Spieler eine Karte derselben Farbe (Kreuz, Pik, Herz oder Karo) zugeben, unabhängig davon, ob diese höher oder niedriger im Wert ist.

Wer keine Karte dieser Farbe in seinen Karten hat, kann jede beliebige Karte spielen.

Es ist Ihnen also freigestellt, mit einem Trumpf zu stechen oder eine Karte einer anderen Farbe zuzuwerfen.

Wird eine Farbe ausgespielt und Sie haben mehrere Karten dieser Farbe in der Hand, können Sie selbst wählen, welche dieser Karten Sie zugeben wollen. Je nach Strategie kann es besser für Sie sein, eine Farbkarte zuzugeben, die im Wert niedriger oder höher ist als die auf dem Tisch liegende.

4.3. Das Recht an einem Stich

Wem ein Stich gehört

Wie im obigen Abschnitt erwähnt, kann der Ausspieler (eines jeden Stiches) eine beliebige Karte auf den Tisch legen. Dieser Spieler hat solange „recht“ (ist solange „im Recht“), bis seine Karte gestochen wird. Dem Spieler, der zuletzt gestochen hat, gehört schließlich der Stich und er fungiert beim nächsten Stich als Ausspieler. Wird die Karte des Ausspielers von den beiden anderen Spielern nicht gestochen, gehört der Stich ihm und er ist erneut mit dem Ausspielen an der Reihe.

5. Das Farbspiel

Wenn Sie eine Farbe zur Trumpf-Farbe machen

In diesem Kapitel lernen Sie die wichtigsten Elemente eines Farbspiels kennen, welches die am häufigsten vorkommende Spielart ist.

5.1. Die Trümpfe

Welche Karten welche anderen stechen

Bei einem Farbspiel sind elf der insgesamt 32 Karten Trümpfe. Alle anderen Karten sind Farbkarten. Mit einem Trumpf können Sie eine Farbkarte stechen, wenn Sie diese Farbe nicht haben.

Welche Karten sind also nun die Trümpfe bei einem Farbspiel? Es sind zuallererst die vier Buben. Zusätzlich macht der Spielmacher eine Farbe seiner Wahl zur Trumpf-Farbe. Somit werden die sieben anderen Karten dieser Farbe ebenfalls Trümpfe. Alle anderen Karten sind Farbkarten.

Innerhalb der elf Trümpfe ist die Wertigkeit, also welcher Trumpf höher ist als der andere, genau festgelegt, hier am Beispiel eines Pik-Spiels:

1. Kreuz-Bube
2. Pik-Bube
3. Herz-Bube

4. Karo-Bube
5. Pik-Ass
6. Pik-Zehn
7. Pik-König
8. Pik-Dame
9. Pik-Neun
10. Pik-Acht
11. Pik-Sieben

Trümpfe 1 bis 4:

(immer in dieser Reihenfolge, unabhängig von der gewählten Trumpffarbe)

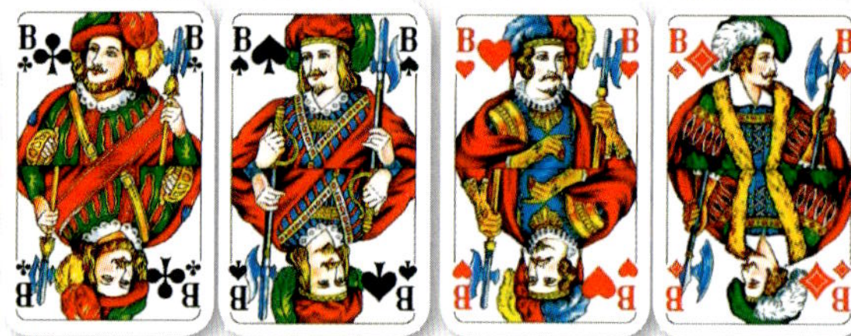

Trümpfe 5 bis 11 (am Beispiel von Pik):

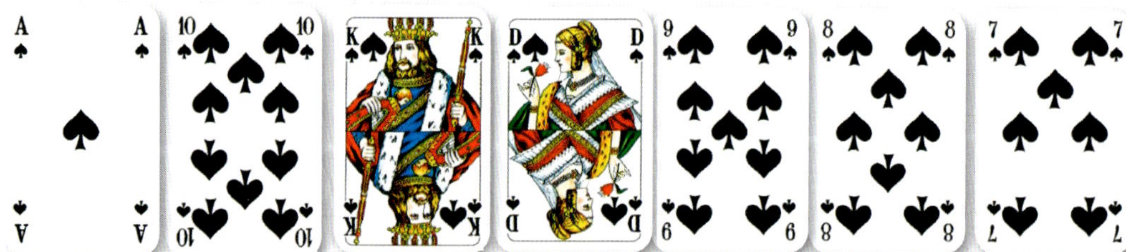

Der Kreuz-Bube ist also bei einem Farbspiel, unabhängig von der Farbe, der höchste Trumpf. Er kann alle anderen Trümpfe sowie alle Farbkarten stechen.

5.2. Die Ansage

Wie das Farbspiel heißt

Wenn nach dem Verteilen der Karten (Phase 1) und dem Reizen (Phase 2) der Spielmacher ermittelt ist, sagt dieser nun an, welche Art von Spiel er macht.

Bei einem Farbspiel sind vier verschiedene Spielansagen möglich:

- „Kreuz ist Trumpf“ oder „Kreuz-Spiel“ oder einfach nur „Kreuz“
- „Pik ist Trumpf“ oder „Pik-Spiel“ oder einfach nur „Pik“
- „Herz ist Trumpf“ oder „Herz-Spiel“ oder einfach nur „Herz“
- „Karo ist Trumpf“ oder „Karo-Spiel“ oder einfach nur „Karo“

Wie oben im Abschnitt „Die Trümpfe“ beschrieben, hat die Ansage beim Farbspiel eine direkte Auswirkung darauf, welche Karten Trümpfe und welche Farbkarten sind. Neben den vier Buben sind die Karten Ass, Zehn, König, Dame, Neun, Acht und Sieben der angesagten Farbe Trümpfe. Die Karten der anderen drei Farben gelten als Farbkarten. Wird zum Beispiel „Pik ist Trumpf“ angesagt, werden Pik-Ass, Pik-Zehn, Pik-König, Pik-Dame, Pik-Neun, Pik-Acht und Pik-Sieben zu den Trümpfen 5 bis 11 und können somit die Karten (außer Buben) der Farben Kreuz, Herz oder Karo stechen.

5.3. Zugeben

Welche Karte gespielt werden muss

Die beiden Grundprinzipien Trumpf-Zugeben und Farbe-Zugeben gelten ganz normal.

5.4. Strategien

Wie Sie am besten vorgehen

Der Spielmacher sowie die beiden Spieler als Gegenpartei verfolgen üblicherweise gegensätzliche Strategien, um ihr Ziel (61 Augen bzw. 60 Augen) zu erreichen.

Ich verwende „üblicherweise", um damit auszudrücken, dass die im Folgenden beschriebenen Strategien keine Pflicht sind und somit auch in keinem Regelwerk stehen. Trotzdem werden sie in den allermeisten Fällen befolgt und man würde sie vielleicht als ein „ungeschriebenes Gesetz" bezeichnen. Als Anfänger empfehle ich Ihnen auf jeden Fall, auf die beschriebene Weise vorzugehen.

Da der Spielmacher davon ausgeht, dass er mehr Trümpfe hat als jeder seiner Gegner, spielt er bei jeder sich bietenden Gelegenheit einen Trumpf aus. Damit zwingt er die Gegenspieler, ihre wenigen Trümpfe auch noch zuzugeben, bis sie im günstigsten Fall gar keine mehr haben. In diesem Fall kann er anschließend mit seinen überzähligen Trümpfen, die Farbkarten der Gegner stechen, ohne dass er befürchten muss, von der Gegenpartei gestochen zu werden.

Genau in entgegengesetzter Weise geht die Gegenpartei vor: Jeder von ihnen hat wohl weniger Trümpfe als der Spielmacher und vermeidet es, einen Trumpf auszuspielen. Stattdessen versuchen sie, Farben zu spielen (nicht die Trumpf-Farbe).

5.5. Voraussetzungen

Welche Karten Sie haben sollten

Für die Frage, welche Karten Sie in etwa haben sollten, um ein Farbspiel ansagen und dann auch erfolgreich gestalten zu können, gibt es erneut keine Regeln. Es handelt sich stattdessen um Erfahrungswerte. Selbstverständlich sind in erster Linie möglichst viele und möglichst hohe Trümpfe erforderlich. Bitte beachten Sie aber: Unter bestimmten Umständen können Sie auch mit den vermeintlich besten Trümpfen ein Farbspiel verlieren. Die folgenden Erläuterungen dienen daher ausschließlich als Richtschnur dafür, mit welchen Karten Sie auf jeden Fall ein Farbspiel versuchen sollten.

- Sechs Trümpfe: Wenn Sie sechs Trümpfe in Ihren Karten haben, können Sie ein Farbspiel ansagen. Dabei spielt es fast keine Rolle, welche Trümpfe es sind. Die Tatsache, dass Sie selbst die Mehrzahl der elf Trümpfe haben, verschafft Ihnen im Lauf des Spiels auf jeden Fall ein Übergewicht.

- Fünf Trümpfe, darunter zwei Buben, hohe andere Karten: Auch bei dieser Konstellation sollten Sie ein Farbspiel versuchen. Vermutlich gehen einige Stiche an die Gegner. Dies verspricht auf jeden Fall ein spannendes Spiel zu werden!

5.6. Beispiel 1

Wann Sie ein Farbspiel machen können

Lassen Sie uns nun das Beispiel aus Kapitel 4 fortsetzen. Nach dem Ausgeben und dem Sortieren der Karten haben Sie folgendes Blatt in der Hand:

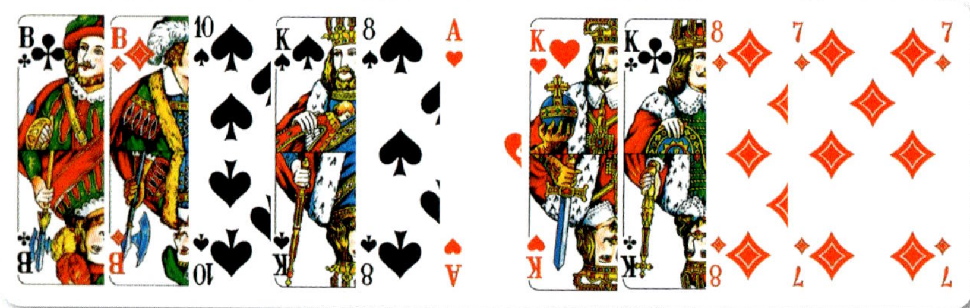

Aufgabe: Bewerten Sie Ihr Blatt auf ein Farbspiel hin, indem Sie folgende Fragen für sich beantworten:

- Welche Farbe würde ich zur Trumpf-Farbe machen?
- Wie viele Trümpfe hätte ich in dieser Farbe?
- Was könnte der Skat noch bewirken?
- Steige ich in den Reiz-Vorgang ein?

Lösung: Die beiden Buben sowie die Pik-Zehn, der Pik-König und die Pik-Acht sind insgesamt fünf Trümpfe, wenn Sie das Farbspiel „Pik“ nennen. Der Skat könnte ihnen noch einen sechsten Trumpf einbringen, der Ihnen den Gewinn des Spiels noch erleichtern könnte. Das Herz-Ass bringt Ihnen bei günstiger Konstellation einen weiteren Stich ein. Mit fünf Trümpfen, dem Herz-Ass und der Aussicht auf den Skat können Sie auf ein Farbspiel hin reizen (siehe auch Abschnitt „Voraussetzungen“). Um die Frage, wie hoch Sie reizen können, beantworten zu können, müssen Sie zuerst kennenlernen, wie der Wert eines Spiels ermittelt wird. Ich lasse sie daher an dieser Stelle noch außen vor und komme in Kapitel 9, Das Reizen – Teil 2, darauf zurück.

5.7. Beispiel 2 (Fortsetzung von Beispiel 1)

Wenn Sie den Skat austauschen

Nehmen wir an, Sie sind als Spielmacher am Zug und nehmen nun den Skat in Ihr Blatt. In diesem für Sie günstigen Beispiel sind dies die Pik-Dame und die Herz-Dame.

Aufgabe: Bewerten Sie Ihr Blatt, indem Sie folgende Frage für sich beantworten: Welche Karten lege ich nun am besten in den Skat zurück? Oder: Welche Karten kann ich am wenigsten gebrauchen?

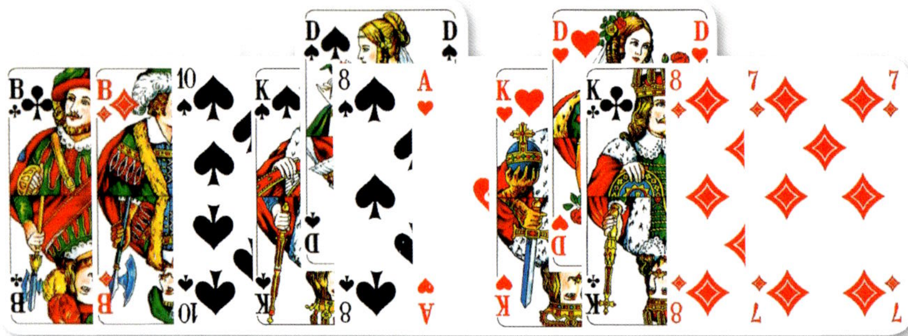

Lösung: Behalten Sie die Pik-Dame und die Herz-Dame auf jeden Fall. Beide können Sie gut gebrauchen. Der alleinige („blanke“) Kreuz-König ist völlig wertlos. Legen Sie ihn weg. Auf diese Weise bringt er Ihnen wenigstens noch vier Augen ein. Jetzt kommt es zu der Frage, welche zweite Karte Sie in den Skat zurücklegen sollen. Da Sie Pik zur Trumpf-Farbe machen, kommt keine Karte dieser Farbe in Frage. Auch in der Farbe Herz sind Sie mit dem Ass, dem König und der Dame gut bestückt. Damit werden Sie ziemlich sicher zwei Stiche machen. Legen Sie somit eine der beiden Karo-Karten weg, die Ihnen sicher keinen Stich einbringen werden. Ob Sie nun die Karo-Acht oder die Karo-Sieben weglegen, spielt keine Rolle. Wenn Sie sich entschieden haben, die Karo-Sieben in den Skat zurückzulegen, sieht Ihr Blatt nun wie folgt aus:

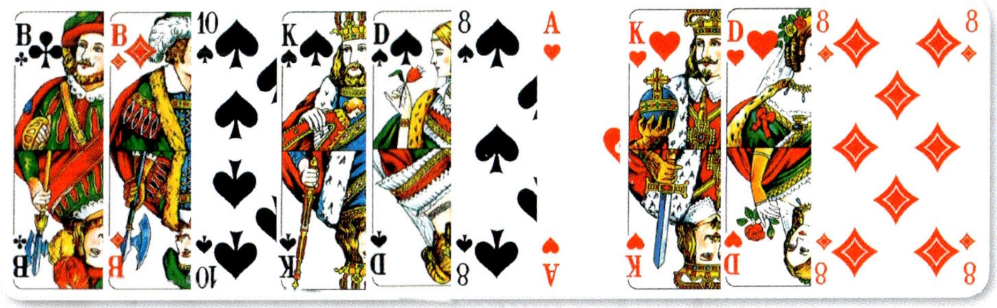

Aufgabe: Bewerten Sie Ihr Blatt, indem Sie folgende Frage für sich beantworten: Angenommen, Sie sind der Ausspieler, welche Karte spiele ich zu Beginn aus?

Lösung: Sagen sie „Pik ist Trumpf“ oder einfach nur „Pik“ und spielen Sie den Kreuz-Buben aus. Beide Gegner werden hoffentlich eine Pik-Karte zugeben müssen. Spielen Sie anschließend die Pik-Acht aus. Im für Sie günstigsten Fall wird wiederum jeder Mitspieler einen Trumpf zuwerfen, so dass anschließend nur noch ein letzter Trumpf auf der Gegenseite verbleibt.

6. Das Nullspiel

Wenn Sie keinen Stich machen dürfen

In diesem Kapitel lernen Sie die wichtigsten Elemente eines Nullspiels kennen.

6.1. Die Trümpfe

Welche Karten welche anderen stechen

Trümpfe oder eine Trumpf-Farbe gibt es beim Nullspiel nicht. Alle Karten sind Farbkarten.

6.2. Die Rangfolge der Karten

Welche Karten wie viel wert sind

Wie bereits erwähnt, gibt es bei einem Nullspiel, bei dem es ja auch nicht um Augen geht, eine Ausnahme bezüglich der Rangfolge der Karten: Es gilt deren „natürliche" Wertigkeit. Die Rangfolge der Karten ist also Ass > König > Dame > Bube > Zehn > Neun > Acht > Sieben. In der folgenden Abbildung sehen Sie die Rangfolge am Beispiel der Farbe Kreuz. Ganz links sehen Sie das Ass als höchste Karte und ganz rechts die Sieben, die die niedrigste Karte ist.

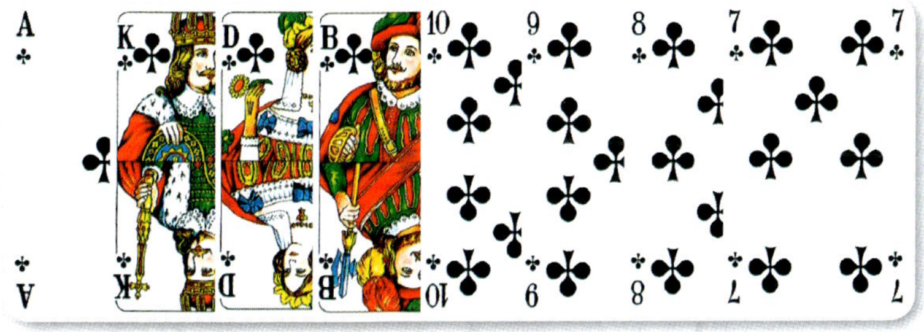

Die Besonderheit ist also, dass sich die Zehn bei einem Nullspiel zwischen Bube und Neun einreiht und somit den König, die Dame und den Buben nicht stechen kann.

6.3. Die Ansage

Wie Sie ein Nullspiel ansagen

Ein Nullspiel können Sie wie folgt ansagen: „Nullspiel“ oder „Null“.

6.4. Strategien

Wie Sie am besten vorgehen

6.4.1. Spielmacher

Wie Sie ein Nullspiel spielen

Da der Spielmacher das Ziel hat, gar keinen Stich zu machen, hat er nur wenig Möglichkeiten, den Spielverlauf zu beeinflussen. Das Heft des Handelns liegt bei seinen Gegnern und er kann nur abwarten und auf deren Spielweise reagieren. Ist der Spielmacher auch der Ausspieler des ersten Stiches, spielt er eine Karte aus, die die Gegner auf jeden Fall stechen müssen. In einigen Fällen kann es ratsam sein, eine „blanke" Karte auszuspielen, um sich von einer kompletten Farbe zu befreien. Spielen die Gegner in den folgenden Stichen diese Farbe erneut, können Sie eine Karte abwerfen und somit loswerden, bei der Sie sonst „erwischt" werden könnten.

6.4.2. Gegner

Wie Sie ein Nullspiel bekämpfen

Die Gegner wiederum werden ausloten, in welcher Farbe sie den Spielmacher zu einem Stich zwingen können. Dies kann auf verschiedene Arten geschehen:

- Beide versuchen, sich von einer Farbe zu befreien, indem sie eine blanke Karte ausspielen. Der

Mitspieler ahnt dies und spielt hinterher eine niedrige Karte derselben Farbe, um den Spielmacher zum Stechen zu zwingen.

- Generell ist es von Vorteil, den Spielmacher in die zweite Position zu bringen. In diesem Fall bleibt er im Unklaren darüber, welche Karte der Gegner an der dritten Position zugeben kann bzw. muss.

6.5. Voraussetzungen

Welche Karten Sie haben sollten

Für die Frage, welche Karten Sie in etwa haben sollten, um ein Nullspiel ansagen und dann auch erfolgreich gestalten zu können, gibt es erneut keine Regeln. Es handelt sich stattdessen um Erfahrungswerte. Selbstverständlich sind in erster Linie möglichst niedrige Karten erforderlich, um einen eigenen Stich zu vermeiden. Bitte beachten Sie aber: Unter bestimmten Umständen können Sie auch mit den vermeintlich besten Karten ein Nullspiel verlieren. Die folgenden Erläuterungen dienen daher ausschließlich als Richtschnur dafür, mit welchen Karten Sie auf jeden Fall ein Nullspiel versuchen sollten:

- Sieben Karten einer Farbe inklusive der Sieben, sehr niedrige andere Karten: Bei dieser Konstellation sollten Sie in jedem Fall ein Nullspiel wagen. Entweder Sie spielen zu Beginn selbst die Sieben aus, um die achte Karte dieser Farbe stechen zu lassen, oder Sie warten ab, bis die achte Karte von einem Ihrer Gegner ausgespielt wird, und bleiben dann mit Ihrer Sieben darunter. Damit sind Sie in dieser Farbe nicht verwundbar. Außerdem müssen Ihre Gegner erst mal herausfinden, bei welcher der drei anderen Farben Sie noch erwischt werden können.

- Sechs Karten einer Farbe inklusive der Sieben oder Acht, sehr niedrige andere Karten:
  Auch bei dieser Konstellation sollten Sie ein Nullspiel versuchen. Sie beginnen damit, den Gegnern die siebte und achte Karte dieser Farbe zu ziehen, damit Sie bei dieser Farbe nicht mehr verwundbar sind. Dies ist allerdings mit einem gewissen Risiko verbunden: Hat einer der beiden Gegner diese beiden Karten in der Hand, kann er Sie gleich beim zweiten Stich in dieser Farbe erwischen. Trotzdem wird dieses Nullspiel gerne gespielt, es verspricht auf jeden Fall sehr viel Spannung.
- Die Sieben, die Neun, den Buben und den König derselben Farbe, sehr niedrige andere Karten:
  Bei dieser Konstellation sind Sie in dieser Farbe unverwundbar. Denn egal, welche Karte dieser Farbe von Ihren Gegnern gespielt wird, sind Sie immer in der Lage, mit einer um einen Kartenwert niedrigeren Karte einen Stich zu vermeiden. Achtung: Dies gilt nur, wenn Sie zu Beginn des Spiels keine Karte dieser Farbe ausspielen, sondern abwarten, bis Ihre Gegner dies tun!

6.6. Beispiel 1

Wann Sie ein Nullspiel spielen können

Nach dem Ausgeben haben Sie nebenstehendes Blatt in der Hand:

Aufgabe: Bewerten Sie Ihr Blatt auf ein Nullspiel hin, indem Sie folgende Fragen für sich beantworten:

- Wie viele Karten habe ich in den jeweiligen Farben?
- In welchen Farben bin ich verwundbar?

- Was kann der Skat noch bewirken?
- Reize ich auf ein Nullspiel hin oder nicht?

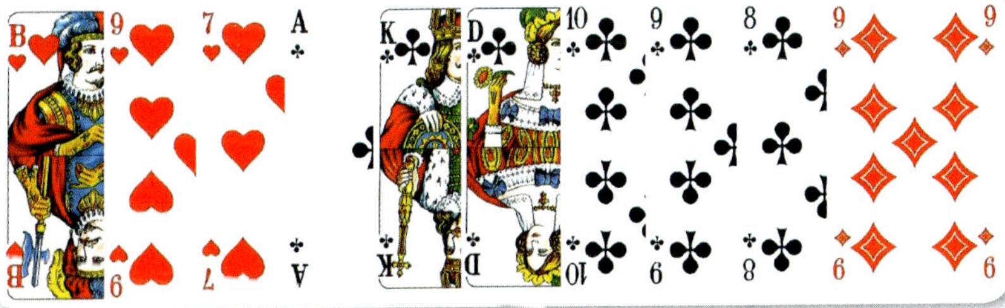

Lösung: Analysieren Sie Ihre Karten nach Farben getrennt. Da es bei einem Nullspiel keine Trümpfe gibt, ist die Reihenfolge der Farben unwichtig. Ich gehe von links nach rechts vor:

1) Von der Farbe Herz haben Sie mit der Sieben, der Neun und dem Buben eine der vorhin genannten Konstellationen. Wenn Sie einfach nur abwarten, bis Ihre Gegner eine Herz-Karte ausspielen, können Sie immer eine niedrigere Karte zugeben und somit nie zu einem Stich gezwungen werden. Hier besteht also keine Gefahr für Sie, von den Gegnern erwischt zu werden.

2) Betrachten Sie nun die Farbe Kreuz, von der Sie sechs Karten haben und die Gegner somit zwei. Sind Sie selbst der Ausspieler, können Sie eine niedrige Kreuz-Karte (Acht, Neun oder Zehn) ausspielen und den beiden Gegnern je eine Kreuz-Karte ziehen. Die beiden fehlenden Kreuz werden

aber nur dann zugeworfen, wenn jeder der beiden Gegner eines hat. Hat ein Gegner beide Kreuz, bleibt er mit der Sieben unter Ihrer Karte. Sie kommen dann zwangsläufig zu einem Stich und haben das Nullspiel somit verloren.

3) Schauen Sie sich nun Ihre dritte Farbe Karo an. Mit der Neun haben Sie nur scheinbar eine recht niedrige Karte in der Hand. Sind die Karo-Sieben und die Karo-Acht auf die beiden Gegner verteilt, können beide unter Ihrer Neun bleiben und Sie haben das Nullspiel verloren. Allerdings können Sie diese auf eine der folgenden Arten noch loswerden:

- Ein Gegner spielt eine höhere Karo-Karte aus und Sie geben die Neun einfach zu.
- Ein Gegner spielt eine Karte der Farbe Pik aus, von der Sie keine Karte haben. In diesem Fall können Sie die Karo-Neun einfach abwerfen.
- Im Skat liegt zumindest eine für Sie günstige Karte und Sie können die Karo-Neun loswerden, indem Sie sie durch diese austauschen.

4) Die vierte Farbe Pik, von der Sie keine Karte haben, kann Ihnen momentan gar keinen Stich einbringen. Sollte Ihnen der Skat zwei hohe Pik-Karten bescheren, legen Sie ihn einfach wieder weg.

Fazit: Obwohl in den Farben Kreuz und Karo durchaus die Gefahr besteht, dass Sie einen Stich machen werden, sollten Sie mit etwas Mut dieses Nullspiel versuchen. Es besteht ja immer noch die Möglichkeit, dass Ihnen der Skat gewogen ist und Ihre Chancen weiter erhöht.

6.7. Beispiel 2 (Fortsetzung von Beispiel 1)

Wenn Sie den Skat austauschen

Nehmen wir an, Sie sind als Spielmacher am Zug und nehmen nun den Skat in Ihr Blatt. In diesem für Sie günstigen Beispiel sind dies die Kreuz-Sieben sowie der Pik-König:

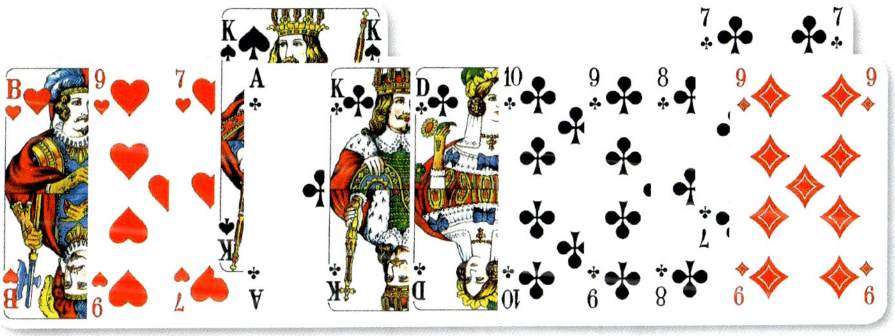

Aufgabe: Bewerten Sie Ihr Blatt erneut, indem Sie folgende Fragen für sich beantworten:

- Riskiere ich ein Nullspiel oder versuche ich, ein Farbspiel zu machen?
- Welche Karten lege ich am besten weg, um möglichst gute Chancen zu haben?

Lösung: Obwohl Sie mit dem Herz-Buben und den sieben Kreuz-Karten die notwendigen Augen für ein Farbspiel durchaus erreichen können, spielen Sie ein Nullspiel, denn dieses ist unverlierbar. Behalten Sie dazu die Kreuz-Sieben und legen Sie die Karo-Neun sowie den Pik-König in den Skat zurück. Die im vorhergehenden Abschnitt beschriebenen Risiken verschwinden komplett. Ihr Blatt sieht nun wie folgt aus:

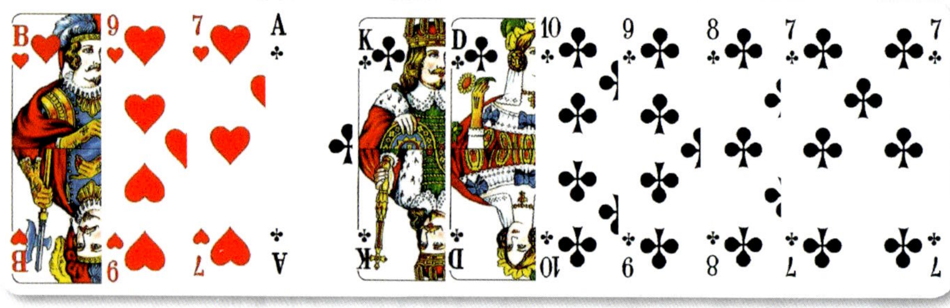

7. Der Grand

Das „große Spiel“

In diesem Kapitel lernen Sie die wichtigsten Elemente des Grand kennen. Er ist die höchstwertige Spielart und somit die Königsdisziplin beim Skat. Gleichzeitig ist er relativ einfach zu erlernen, da es nur vier Trümpfe gibt.

7.1. Die Trümpfe

Welche Karten welche anderen stechen

Beim Grand sind lediglich vier der insgesamt 32 Karten Trümpfe. Alle anderen Karten sind Farbkarten. Wie bei allen Spielarten gilt: Mit einem Trumpf können Sie eine Farbkarte stechen, wenn Sie diese Farbe nicht haben.

Welche Karten sind also nun die Trümpfe beim Grand? Es sind die vier Buben.

Innerhalb der vier Trümpfe ist die Wertigkeit, also welcher Trumpf höher ist als der andere, genau festgelegt:

1. Kreuz-Bube
2. Pik-Bube
3. Herz-Bube
4. Karo-Bube

Wie beim Farbspiel ist also auch bei einem Grand der Kreuz-Bube der höchste Trumpf. Er kann alle anderen Trümpfe sowie alle Farbkarten stechen.

7.2. Die Ansage

Wie der Grand heißt

Wenn nach dem Verteilen der Karten (Phase 1) und dem Reizen (Phase 2) der Spielmacher ermittelt ist, muss dieser nun ansagen, welche Art von Spiel er macht.

Beim Grand gibt es folgende Spielansage: „Grand“

7.3. Zugeben

Welche Karte gespielt werden muss

Die beiden Grundprinzipien Trumpf-Zugeben und Farbe-Zugeben gelten ganz normal. Wichtig beim Grand ist lediglich, dass außer den vier Buben alle weiteren Karten Farbkarten sind.

7.4. Strategien

Wie Sie am besten vorgehen

Der Spielmacher sowie die beiden anderen Spieler als Gegenpartei verfolgen üblicherweise gegensätzliche Strategien, um ihr Ziel (61 Augen bzw. 60 Augen) zu erreichen.

Ich verwende „üblicherweise“, um damit auszudrücken, dass die im Folgenden beschriebenen Strategien keine Pflicht sind und somit auch in keinem Regelwerk stehen. Trotzdem werden sie in den allermeisten

Fällen befolgt und man würde sie vielleicht als ein „ungeschriebenes Gesetz“ bezeichnen. Als Anfänger empfehle ich Ihnen auf jeden Fall, auf die beschriebene Weise vorzugehen.

Da der Spielmacher davon ausgeht, dass er mehr Trümpfe hat als jeder seiner Gegner, spielt er bei jeder sich bietenden Gelegenheit einen Trumpf aus. Damit zwingt er die Gegenspieler, ihre wenigen Trümpfe auch noch zuzugeben, bis sie im günstigsten Fall gar keine mehr haben. In diesem Fall kann er anschließend mit seinen überzähligen Trümpfen, die Farbkarten der Gegner stechen, ohne dass er befürchten muss, von der Gegenpartei gestochen zu werden.

Genau in entgegengesetzter Weise geht die Gegenpartei vor: Jeder von ihnen hat wohl weniger Trümpfe als der Spieler und vermeidet es, einen Trumpf auszuspielen. Stattdessen versuchen sie, Farben zu spielen.

7.5. Voraussetzungen

Welche Karten Sie haben sollten

Für die Frage, welche Karten Sie in etwa haben sollten, um einen Grand ansagen und dann auch erfolgreich gestalten zu können, gibt es erneut keine Regeln. Es handelt sich stattdessen um Erfahrungswerte. Selbstverständlich sind in erster Linie möglichst viele und möglichst hohe Trümpfe erforderlich. Bitte beachten Sie aber: Unter bestimmten Umständen können Sie auch mit den vermeintlich besten Trümpfen einen Grand verlieren. Die folgenden Erläuterungen dienen daher ausschließlich als Richtschnur dafür, mit welchen Karten Sie einen Grand versuchen sollten.

Als weitere Hilfestellung dient die Annahme, dass wohl sechs Stiche notwendig sind, um einen Grand zu gewinnen.

- Vier Buben und zwei Asse: Wenn Sie alle vier Buben und dazu zwei Asse in ihren Karten haben, sollten Sie in jedem Fall einen Grand wagen. Dabei spielt es fast keine Rolle, welche anderen Karten Sie noch haben. Die Tatsache, dass die vier Trümpfe und die beiden Asse auf jeden Fall stechen werden, gibt Ihnen bereits sehr gute Gewinnchancen. Haben Sie zusätzlich noch eine Zehn in der Farbe eines Asses, ist dies umso besser.
- Drei Buben (inklusive Kreuz-Bube) und zwei Asse: Auch in dieser Konstellation haben Sie gute Chancen, einen Grand zu gewinnen. Den fehlenden Buben können Sie Ihren Gegnern durch Ausspielen des Kreuz-Buben entziehen. Anschließend werden auch Ihre Asse sicher zum Stich kommen. Gefährlich kann es für Sie werden, wenn die Gegner eines Ihrer Asse mit ihrem Buben stechen, bevor Sie diesen ziehen konnten. Haben Sie zusätzlich noch andere Karten derselben Farbe wie Ihre Asse, ist dies umso besser.
- Drei Buben (ohne Kreuz-Bube) und drei Asse: Unabhängig davon, ob Ihre Gegner mit dem Kreuz-Buben einen Ihrer Buben oder eines Ihrer Asse stechen, fünf Stiche sind Ihnen auf jeden Fall sicher, mit denen Sie schon viele der notwendigen 61 Augen erreichen sollten. Haben Ihre restlichen Karten auch noch dieselbe Farbe wie eines Ihrer Asse, ist dies umso besser.
- Zwei Buben (inklusive Kreuz-Bube), drei Asse, eine Zehn in der Farbe eines dieser Asse: Dadurch, dass Sie durch Ausspielen des Kreuz-Buben den Gegnern die beiden anderen Buben entziehen können,

können Sie auch bei dieser Konstellation einen Grand versuchen. Andererseits kann es für Sie auch gefährlich werden, wenn die Gegner eines Ihrer Asse mit einem Buben stechen. Dies verspricht auf jeden Fall ein spannendes Spiel zu werden!

- Zwei Buben (inklusive Kreuz-Buben) sowie je zwei Asse und Zehn derselben Farbe: Wie beim vorherigen Beispiel können Sie mit dem Kreuz-Buben den Gegnern die beiden anderen Buben entziehen und kommen dann mit Ass und Zehn Ihrer Farben zum Stich. Auch diese Konstellation ist auf jeden Fall einen Grand wert, eine Gewinngarantie gibt es allerdings hierfür nicht!

7.6. Beispiel 1

Wann Sie einen Grand spielen können

Nach dem Ausgeben und dem Sortieren der Karten haben Sie folgendes Blatt in der Hand:

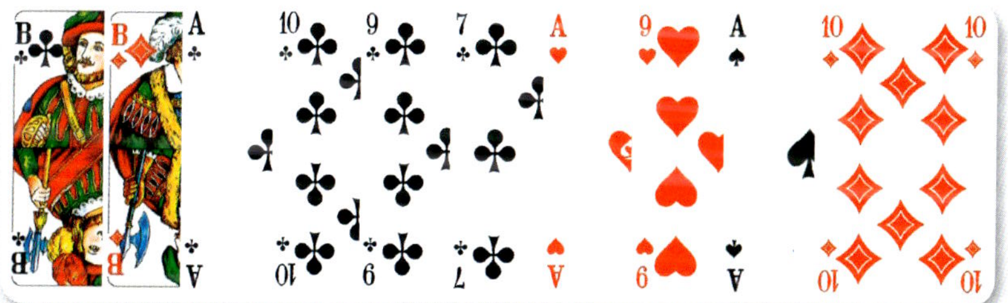

Aufgabe: Bewerten Sie Ihr Blatt auf einen Grand hin, indem Sie folgende Fragen für sich beantworten:

- Wie viele Trümpfe und wie viele Asse habe ich?
- Was könnte der Skat noch bewirken?
- Steige ich in den Reiz-Vorgang ein?

Lösung: Die beiden Buben sind zwar insgesamt nur zwei Trümpfe. Dadurch, dass aber der Kreuz-Bube dabei ist, können Sie mit beiden Buben zum Stich kommen. Die drei Asse sowie die Kreuz-Zehn können dann für Ihre Stiche Nummer drei bis sechs sorgen, die wohl notwendig sind, um den Grand zu gewinnen. Im günstigen Fall werden beim Ausspielen des Kreuz-Ass und der Kreuz-Zehn die fehlenden Kreuz-Karten zugeworfen, so dass auch noch die Kreuz-Neun und die Kreuz-Sieben für weitere Stiche zu Ihren Gunsten sorgen könnten. Mit diesen Karten sollten Sie auf jeden Fall auf einen Grand hin reizen (siehe auch Abschnitt „Voraussetzungen“).

7.7. Beispiel 2 (Fortsetzung von Beispiel 1)

Wenn Sie den Skat austauschen

Nehmen wir an, Sie sind als Spielmacher am Zug und nehmen nun den Skat in Ihr Blatt. In diesem Beispiel sind dies der Kreuz-König und die Pik-Acht:

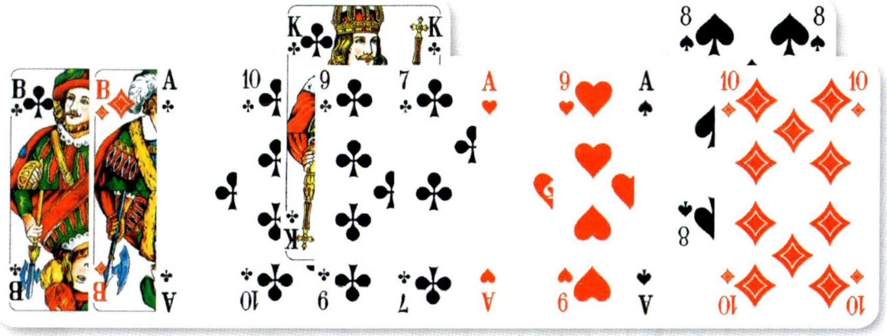

Aufgabe: Bewerten Sie Ihr Blatt, indem Sie folgende Frage für sich beantworten: Welche Karten lege ich nun am besten in den Skat zurück? Oder: Welche Karten kann ich am wenigsten gebrauchen?

Lösung: Behalten Sie den Kreuz-König auf jeden Fall. Sie können ihn gut gebrauchen. Die blanke Karo-Zehn ist völlig wertlos. Legen Sie sie weg. Auf diese Weise bringt sie Ihnen sogar noch zehn Augen ein. Jetzt kommt es zu der Frage, welche zweite Karte Sie in den Skat zurücklegen sollen. In Frage kommen die Herz-Neun und die Pik-Acht. Diese beiden Karten werden weder einen Stich noch Augen einbringen. Dadurch, dass eine Neun etwas höher ist als eine Acht, legen Sie die Pik-Acht in den Skat zurück. Ihr Blatt sieht nun wie folgt aus:

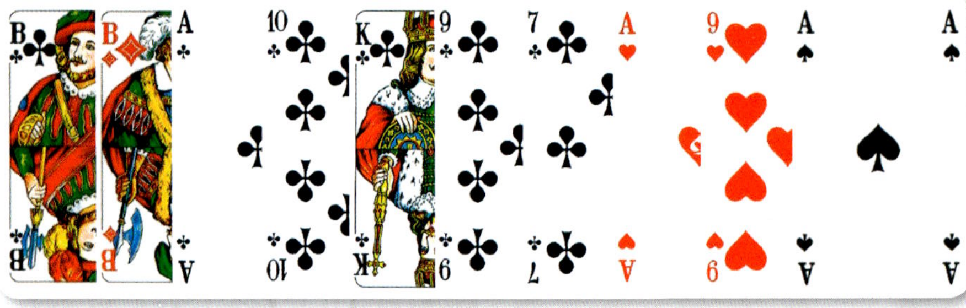

Aufgabe: Bewerten Sie Ihr Blatt, indem Sie folgende Frage für sich beantworten: Angenommen, Sie sind der Ausspieler, welche Karte spiele ich zu Beginn aus?

Lösung: Sagen Sie „Grand“ und spielen Sie den Kreuz-Buben aus. Beide Gegner werden hoffentlich einen Buben zugeben müssen. Auch wenn das nicht der Fall ist, stellt dies kein Problem dar: Spielen Sie anschließend das Kreuz-Ass und die anderen Kreuz-Karten aus. Irgendwann wird ein Gegner mit dem fehlenden Buben stechen. Mit dem Karo-Buben können Sie danach das Heft des Handelns wieder zurückgewinnen.

Welche Spielelemente wie viel wert sind

Nachdem Sie die verschiedenen Spielarten kennengelernt haben, muss jetzt noch geklärt werden, mit welchen Spielelementen Sie wie viele Punkte erzielen können. Denn erst damit werden Sie in der Lage sein einzuschätzen, wie hoch Sie vor dem Beginn des eigentlichen Spiels reizen können.

8.1. Die Anzahl der höchsten Trümpfe

Wie bei Farbspiel und Grand die „Spitzen“ gezählt werden

Für die Ermittlung des Spielwertes ist von entscheidender Bedeutung, wie viele und welche Trümpfe Sie haben bzw. nicht haben. „Die Zählung beginnt beim höchsten Buben und ist in der bekannten Reihenfolge gestaffelt: Kreuz-Bube, Pik-Bube, Herz-Bube, Karo-Bube.“[1] Bitte prägen Sie sich die nun folgenden möglichen Fälle gut ein!

8.1.1. Vier Buben

Wenn Sie alle oder keinen haben

Angenommen, Sie haben alle vier Buben:

In diesem Fall spricht man von „mit Vier“. Haben Sie keinen der Buben in Ihrer Hand, sind Sie „ohne Vier“. Die Anzahl der höchsten Trümpfe ist jeweils 4.

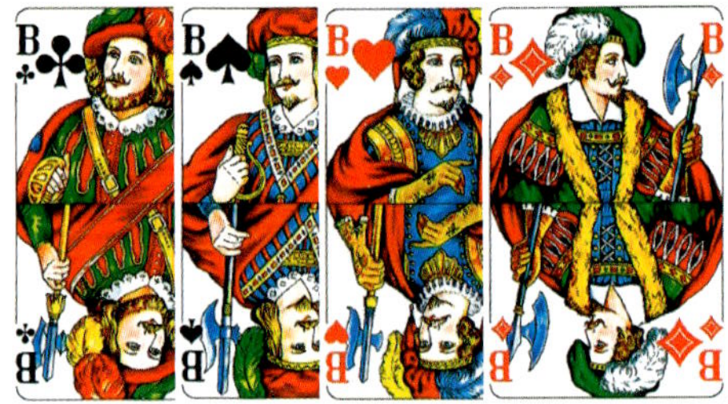

8.1.2. Drei Buben

Wenn Ihnen einer fehlt

Wenn Sie drei Buben haben, heißt das noch lange nicht, dass auch alle drei für die Ermittlung des Spielwertes herangezogen werden. Es gibt folgende Fälle:

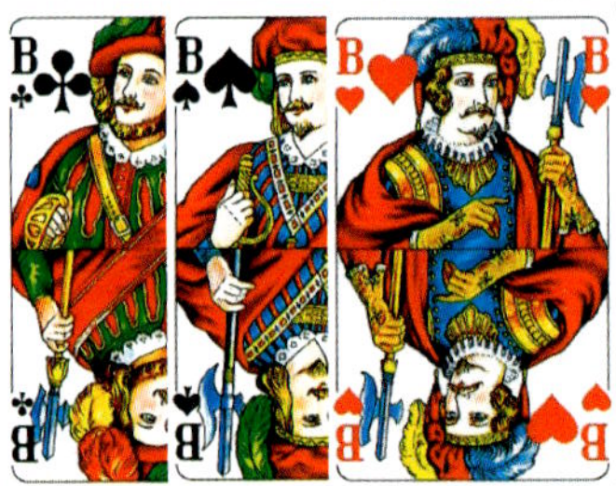

Beispiel 1

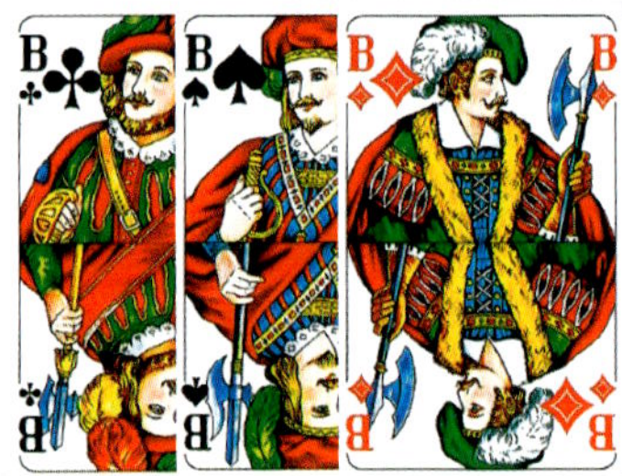

Beispiel 2

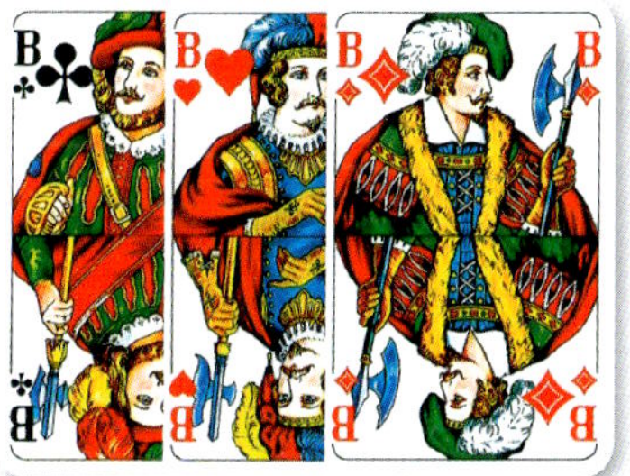

Beispiel 3

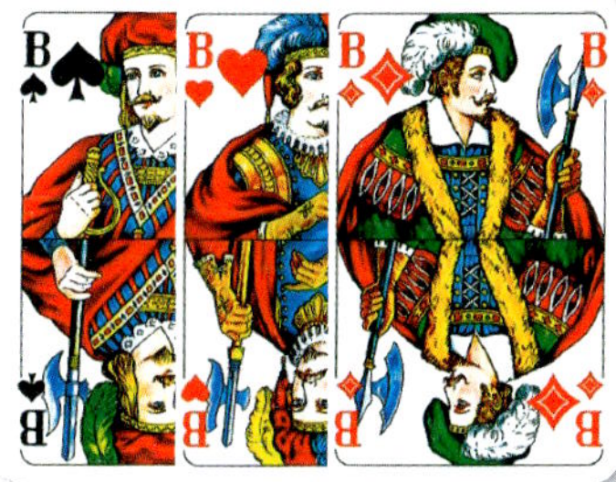

Beispiel 4

Je nachdem, welcher Bube Ihnen fehlt, erhalten Sie einen unterschiedlichen Wert: Wenn Sie, wie in Beispiel 1, mit dem Kreuz-, Pik- und Herz-Buben die drei höchsten Buben haben, haben Sie „mit Drei“. Die Anzahl der höchsten Trümpfe ist 3.

Wenn Sie, wie in Beispiel 2, mit dem Kreuz- und Pik-Buben die zwei höchsten Buben haben, haben Sie „mit Zwei“. Die Anzahl der höchsten Trümpfe ist 2. Der Karo-Bube zählt hier nicht, da der in der Wertigkeit dazwischen liegende Herz-Bube fehlt.

Wenn Ihnen, wie in den Beispielen 3 und 4, einer der beiden höchsten Buben fehlt, haben Sie jeweils „Eins“. Die Anzahl der höchsten Trümpfe ist 1. Herz-Bube und Karo-Bube zählen hier nicht, da jeweils ein höherwertiger Bube fehlt.

8.1.3. Zwei Buben

Wenn Ihnen zwei fehlen

Hier zwei Beispiele für Konstellationen mit zwei Buben:

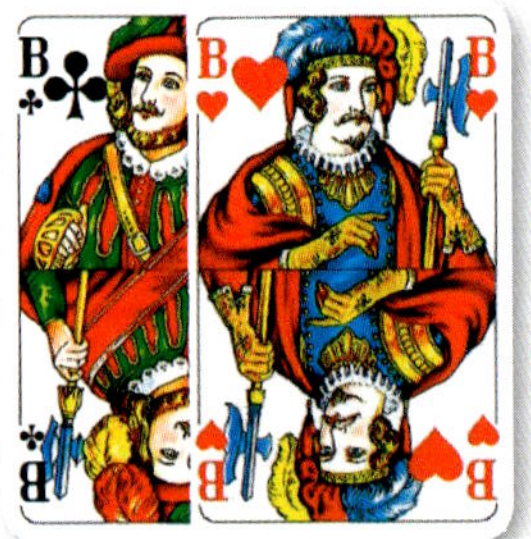

Beispiel 1

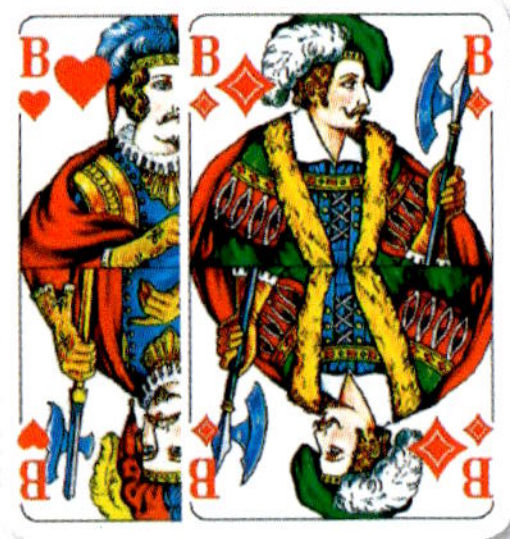

Beispiel 2

Wiederum ergeben sich unterschiedliche Zählwerte: Wenn Sie, wie in Beispiel 1, mit dem Kreuz-Buben den höchsten Buben haben, haben Sie „mit Eins“ oder einfach „Eins“. Die Anzahl der höchsten Trümpfe ist 1. Der Herz-Bube zählt hier nicht, da der in der Wertigkeit dazwischen liegende Pik-Bube fehlt.

Wenn Sie, wie in Beispiel 2, mit dem Herz- und Karo-Buben die zwei niedrigsten Buben haben (die Mitspieler also die beiden höchsten Buben haben), haben Sie „ohne Zwei“. Die Anzahl der höchsten Trümpfe ist 2.

8.1.4. Karo-Bube

Wenn Ihnen die höchsten drei Buben fehlen

Wenn Sie mit dem Karo-Buben nur den niedrigsten Buben haben (die Mitspieler also die drei höchsten Buben haben), haben Sie „ohne Drei“. Die Anzahl der höchsten Trümpfe, die in den Spielwert einfließt, ist 3.

8.1.5. Maximale Spitzen

Wie viele Spitzen es höchstens gibt

Entsprechend der Anzahl der Trümpfe sind Farbspiele „höchstens mit oder ohne elf Spitzen möglich, Grandspiele höchstens mit oder ohne vier Spitzen.“[5]

8.2. Verzicht auf den Skat

Wenn Sie den Skat nicht aufnehmen

Wenn Sie den Skat nicht aufnehmen, das heißt bewusst auf ihn verzichten, erhöht sich der Multiplikator für den Spielwert um 1. Bezeichnet wird dieser Vorgang mit „Hand“.

8.3. Tatsächliches Spielergebnis

Wie hoch Sie ein Spiel gewinnen

Wie bereits erwähnt, versucht der Spielmacher, mit seinen Stichen und den Skat-Karten mehr als die Hälfte der Augen, also 61, zu erreichen. Dies ist die Mindestvoraussetzung, um ein Spiel zu gewinnen. Zwei Besonderheiten gibt es, wenn ein Spielmacher deutlich mehr Augen erzielt als seine Gegner:

Wenn der Spielmacher 91 Augen sammelt (die Gegner somit weniger als 30 Augen), sind die Gegner „Schneider“. Der Multiplikator für den Spielwert erhöht sich um 1.

Hat der Spielmacher sogar alle Stiche gemacht (die Gegner keinen einzigen), hat der Spielmacher „Schwarz“ gewonnen. Der Multiplikator für den Spielwert erhöht sich erneut um 1. Das tatsächliche Spielergebnis zählt unabhängig davon, ob es sich um ein Handspiel handelt oder nicht.

8.4. Angesagtes Spielergebnis

Wenn Sie einen hohen Gewinn vorhersagen

Wichtig: Ein hohes Spielergebnis bereits vor dem Spiel anzusagen, ist nur bei Hand-Spielen möglich.

Geht der Spielmacher also bereits vor dem Spiel davon aus, dass er seine Gegner Schneider machen wird, sagt er bei der Spielansage zusätzlich „Schneider“ mit an. Der Multiplikator für den Spielwert erhöht sich dann nicht nur um 1 für „Hand“ und 1 für das tatsächliche „Schneider“, sondern nochmal um 1 für „Schneider angesagt“.

Nimmt der Spielmacher sogar an, dass er alle Stiche machen wird, sagt er bei der Spielansage zusätzlich „Schwarz“ an. Der Multiplikator für den Spielwert erhöht sich dann insgesamt um 5: 1 für „Hand“, 1 für „Schneider“, 1 für „Schneider angesagt“, 1 für „Schwarz“ und 1 für „Schwarz angesagt“.

8.5. Offenes Spiel („Ouvert“)

Wenn Sie Ihre Karten auf den Tisch legen

Wenn Sie Ihr Blatt vor Beginn des eigentlichen Spiels offenlegen, sodass Ihre Gegner Ihre Karten einsehen können, erhöht sich der Multiplikator für den Spielwert um 1. Bezeichnet wird dieser Vorgang mit „ouvert“, was französisch ist und übersetzt „offen“ bedeutet.

„Beim Farbspiel oder Grand ist ouvert nur mit einem Handspiel möglich, beim Nullspiel kann man hingegen diese Optionen beliebig kombinieren.“[2] Außerdem sind im Multiplikator neben Ouvert automatisch auch Hand, Schneider, Schneider angesagt, Schwarz und Schwarz angesagt mit enthalten.

8.6. Das Farbspiel

Welche Faktoren den Spielwert eines Farbspiels bestimmen

Neben dem Multiplikator gibt es noch einen weiteren Faktor, der den Spielwert eines Farbspiels beeinflusst: die Farbe selbst. Welchen Grundwert jede Farbe hat und wie Sie damit den Spielwert eines Farbspiels berechnen, erfahren Sie in den folgenden Abschnitten.

8.6.1. Grundwerte der Farben

Welche Farbe wie viel zählt

Je nach Farbe, die Sie zur Trumpffarbe machen, wird ein entsprechender Grundwert multipliziert. Die Grundwerte der Farben sind wie folgt festgelegt:

- Kreuz = 12 Punkte
- Pik = 11 Punkte
- Herz = 10 Punkte
- Karo = 9 Punkte

8.6.2. Berechnung des Spielwertes

Wie Sie aus den genannten Faktoren den Spielwert ermitteln

In einer mathematischen Formel würde man den Spielwert eines Farbspiels wie folgt berechnen: (Anzahl der höchsten Trümpfe + 1 für das Spiel + Verzicht auf den Skat + Spielergebnis) * Grundwert der Trumpffarbe.

Bei einem offenen Farbspiel sind im Multiplikator neben Ouvert automatisch auch Hand, Schneider, Schneider angesagt, Schwarz und Schwarz angesagt mit enthalten. Der Multiplikator kann also je nach Anzahl der höchsten Trümpfe nur zwischen acht und 18 sein. Der höchste theoretische Wert, der bei einem Farbspiel (Kreuz) erreicht werden kann, ist 216.

8.7. Der Grand

Wie Sie den Spielwert eines Grand bestimmen

In einer mathematischen Formel würde man den Spielwert eines Grand wie folgt berechnen: (Anzahl der höchsten Buben + 1 für das Spiel + Verzicht auf den Skat + Spielergebnis) * Grundwert Grand. Der Grundwert eines Grand ist 24.

Wenn Sie einen offenen Grand spielen, sind im Multiplikator neben Ouvert automatisch auch Hand, Schneider, Schneider angesagt, Schwarz und Schwarz angesagt mit enthalten. Der Multiplikator kann also je nach Anzahl der höchsten Buben nur acht, neun, zehn oder elf sein, der Spielwert also 192, 216, 240 oder 264. 264 ist der höchste Wert, der bei einem Skat-Spiel erreicht werden kann.

8.8. Das Nullspiel

Welche Spielwerte es bei Nullspielen gibt

Bei Nullspielen sind keine Berechnungen notwendig, denn sie haben feststehende Spielwerte. Diese sind wie folgt:

- Nullspiel („Null“) = 23 Punkte
- Null Hand = 35 Punkte
- Null Ouvert = 46 Punkte
- Null Ouvert Hand = 59 Punkte

Achtung: Ein offenes Spiel (ouvert) ohne auf den Skat zu verzichten, gibt es nur in der Spielart Nullspiel. In anderen Worten: Nachdem Sie den Skat aufgenommen haben, können Sie kein offenes Farbspiel und keinen offenen Grand spielen!

8.9. Überblick

Welche Spielwerte es gibt

Um Ihnen einen Überblick zu geben, wie viele und welche Spielwerte es beim Skat gibt, habe ich Ihnen die häufigsten und wichtigsten in folgender Tabelle zusammengestellt:

Spielwert	Spielart	Höchste Buben	Hand
18	Karo-Spiel	mit Einem/ohne Einen	
20	Herz-Spiel	mit Einem/ohne Einen	
22	Pik-Spiel	mit Einem/ohne Einen	
23	Null		
24	Kreuz-Spiel	mit Einem/ohne Einen	
27	Karo-Spiel	mit Zwei/ohne Zwei	
27	Karo-Spiel	mit Einem/ohne Einen	Hand
30	Herz-Spiel	mit Zwei/ohne Zwei	
30	Herz-Spiel	mit Einem/ohne Einen	Hand
33	Pik-Spiel	mit Zwei/ohne Zwei	
33	Pik-Spiel	mit Einem/ohne Einen	Hand
35	Null		Hand
36	Kreuz-Spiel	mit Zwei/ohne Zwei	
36	Kreuz-Spiel	mit Einem/ohne Einen	Hand
36	Karo-Spiel	mit Drei/ohne Drei	
36	Karo-Spiel	mit Zwei/ohne Zwei	Hand
40	Herz-Spiel	mit Drei/ohne Drei	
40	Herz-Spiel	mit Zwei/ohne Zwei	Hand
44	Pik-Spiel	mit Drei/ohne Drei	

44	Pik-Spiel	mit Zwei/ohne Zwei	Hand
45	Karo-Spiel	mit Vier/ohne Vier	
45	Karo-Spiel	mit Drei/ohne Drei	Hand
46	Null ouvert		
48	Grand	mit Einem/ohne Einen	
48	Kreuz-Spiel	mit Drei/ohne Drei	
48	Kreuz-Spiel	mit Zwei/ohne Zwei	Hand
50	Herz-Spiel	mit Vier/ohne Vier	
50	Herz-Spiel	mit Drei/ohne Drei	Hand
55	Pik-Spiel	mit Vier/ohne Vier	
55	Pik-Spiel	mit Drei/ohne Drei	Hand
59	Null ouvert		Hand
60	Kreuz-Spiel	mit Vier/ohne Vier	
60	Kreuz-Spiel	mit Drei/ohne Drei	Hand
72	Grand	mit Zwei/ohne Zwei	
	...		
144	Grand	mit Vier/ohne Vier	Hand
	...		
156	Kreuz-Spiel	mit Elf/ohne Elf	Hand
	...		
264	Grand ouvert	mit Vier	

Wie Sie richtig reizen

Nachdem Sie nun kennengelernt haben, wie die drei Spielarten funktionieren und wie der Wert eines Spiels ermittelt wird, lassen Sie uns nun auf das Reizen zurückkommen.

Die beiden folgenden Fakten ergeben sich automatisch:

- Es kann nur ein Wert gereizt werden, der sich mit einem Spiel rechnerisch erzielen lässt.
- „Entsprechend dem niedrigsten Spielwert für Karo mit oder ohne 1 Spitze, einfach gewonnen, beträgt das Mindestreizgebot 18.“[5]

Außerdem „ist es möglich, aus den gereizten Werten Rückschlüsse auf die Karten der Konkurrenten zu ziehen: Hat ein Spieler beispielsweise bis 24 gereizt und ist dann ‚weg‘, dann hat er wahrscheinlich entweder den Kreuz-Buben ohne Pik-Buben oder den Pik-Buben ohne den Kreuz-Buben und einiges an Kreuz-Karten auf der Hand (mit/ohne einen Spiel zwei mal 12 = 24). Allerdings kann man sich darauf natürlich nicht verlassen, es kann ein Bluff gewesen sein oder schlicht fehlender Mut, weiter zu reizen.“[2]

9.1. Das Überreizen

Wenn der Skat zum Problem wird

Wenn Sie beim Reizen den Zuschlag erhalten und zum Spielmacher werden, nehmen Sie normalerweise den Skat auf, um ihn gegen zwei weniger brauchbare Karten auszutauschen.

Wenn Sie jedoch auf ein Spiel ohne Spitzen gereizt haben, kann der Skat zu einem Problem werden, wenn sich darin ein Bube befindet, der den gereizten Spielwert reduziert. Sie haben sich dann „überreizt".

Bitte beachten Sie also bereits während des Reizvorgangs den Spruch „Skat reizt mit", was Folgendes bedeutet: Wenn Sie ohne Spitzen reizen, besteht die Gefahr, dass Sie durch einen Buben im Skat mit dem Spielwert nicht auf den Reizwert kommen und das Spiel auf diese Weise verlieren. Reduziert sich die Anzahl der Spitzen um 1, können Sie dies wenigsten noch ausgleichen, indem Sie Ihre Gegner Schneider machen. Wird ihr Spiel noch deutlicher entwertet, wird es noch schwieriger für Sie, den eigentlich angepeilten Reizwert zu erreichen.

Wichtig: Die beiden Skat-Karten werden dem Spielmacher mit eingerechnet unabhängig davon, ob er sie aufnimmt oder nicht.

Wenn Sie den Skat aufnehmen, sind Sie zumindest über diesen Sachverhalt informiert. Bei einem Handspiel tappen Sie womöglich bis zum Ende des Spiels im Dunkeln, was den Ausgang natürlich sehr spannend macht.

9.2. Beispiel

Wann Sie ein Farbspiel machen können

Lassen Sie uns nun das Beispiel aus Kapitel 5 wieder aufnehmen. Nach dem Ausgeben und dem Sortieren der Karten haben Sie folgendes Blatt in der Hand und Sie haben sich entschieden, auf ein Pik-Spiel hin zu reizen:

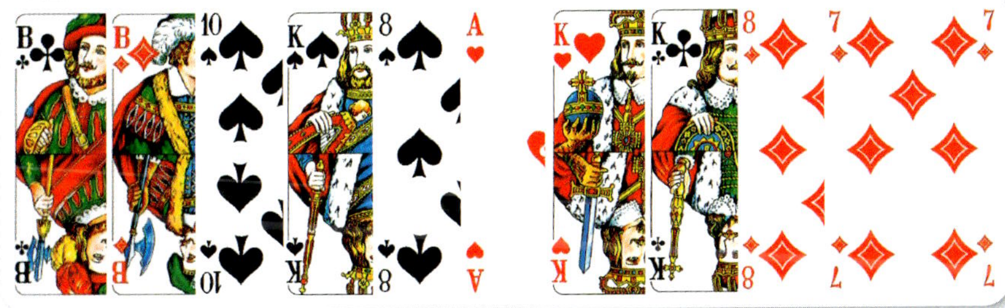

Aufgabe: Bewerten Sie Ihr Blatt auf ein Farbspiel hin, indem Sie folgende Fragen für sich beantworten:

- Wie viele Spitzen habe ich?
- Kann ich auf den Skat verzichten?
- Was könnte der Skat noch bewirken?
- Wie hoch reize ich?

Lösung: Der Kreuz-Bube bedeutet für die Spitzen „Mit Eins“. Mit fünf Trümpfen sind Sie für ein Farbspiel schon sehr knapp bestückt. Der Skat könnte Ihnen noch einen sechsten Trumpf einbringen, der Ihnen den Gewinn des Spiels erleichtern könnte. Daher sollten Sie sich für diese Variante entscheiden und nicht für ein Handspiel. Der Reizwert für dieses Blatt ist somit: „Mit Eins, Spiel 2“ x Grundwert 11 für die Farbe Pik = 22.

Quellen - Woher ich meine Informationen habe

Von Fremdmaterial übernommene Textstellen sind im Verlauf des Buches mit fortlaufenden Hochzahlen gekennzeichnet und stammen aus folgenden Quellen:

[1] Gisela Muhr: Spritz‘! Z’rück! Un‘ druff!, S. 68ff, ISBN: 978-3-95540-123-8, Regionalia Verlag GmbH, Rheinbach, 2014

[2] Wikipedia: Schafkopf. URL: https://de.wikipedia.org/wiki/Skat Stand: 01.02.2016

[3] info@skatregeln.net: Skatregeln.
URL: http://www.skatregeln.net Stand: 25.01.2016

[4] Bayerischer Schafkopf-Verein e.V., München: Offizielle Schafkopfordnung.
URL: ftp://ftp.berlios.de/pub/schafkopf/Schafkopf_Regeln.pdf Stand: 12.02.2013

[5] Internationales Skatgericht: Internationale Skatordnung.
URL: http://www.dskv.de/upload_user/skatgericht/PDF/ISkO.pdf Stand: 01.02.2016

Worüber ich bisher noch geschrieben habe

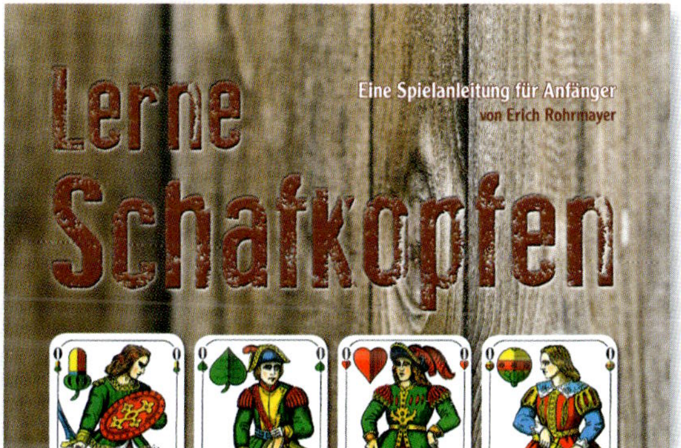

Erich Rohrmayer

Lerne Schafkopfen

Eine Spielanleitung für Anfänger

80 Seiten - durchgehend farbig illustriert -
Wire-o-Bindung mit Umschlag
ISBN: 978-3-95587-009-6
Preis: 9,95 Euro
Buch- und Kunstverlag Oberpfalz
www.buch-und-kunstverlag.de

Schafkopfen gehört wie Bier, Jodeln und Fensterln zur Lebensart, zur Gemütlichkeit und zur Wirtshauskultur in Bayern. Erich Rohrmayer erläutert in dem Büchlein auf leicht verständliche Weise die Regeln des jahrhundertealten Spiels und gibt zahlreiche Tipps, die aus einem Anfänger schnell einen versierten Schafkopfer werden lassen.

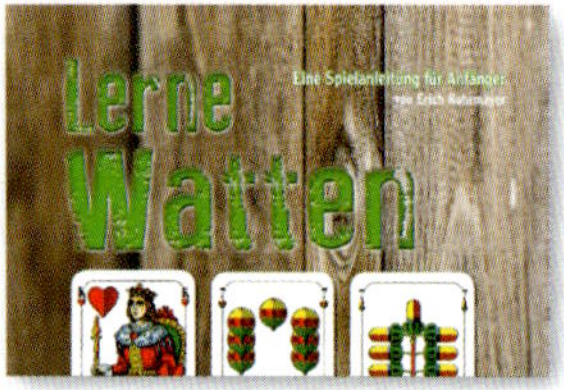

Erich Rohrmayer

Lerne Watten

Eine Spielanleitung für Anfänger

80 Seiten - durchgehend farbig illustriert -
Wire-o-Bindung mit Umschlag
ISBN: 978-3-95587-017-1
Preis: 9,95 Euro
Buch- und Kunstverlag Oberpfalz
www.buch-und-kunstverlag.de

Neben dem Schafkopf ist das Watten wohl das am meisten verbreitete Kartenspiel in Altbayern und damit ebenso aus der bayerischen Wirtshauskultur nicht wegzudenken. Erich Rohrmayer erläutert in dem Büchlein aber nicht nur die Regeln und Spielstrategien, sondern auch die psychologischen und rechtlichen Aspekte dieses Spiels. Für Turnierveranstalter hat er einen Leitfaden entwickelt.

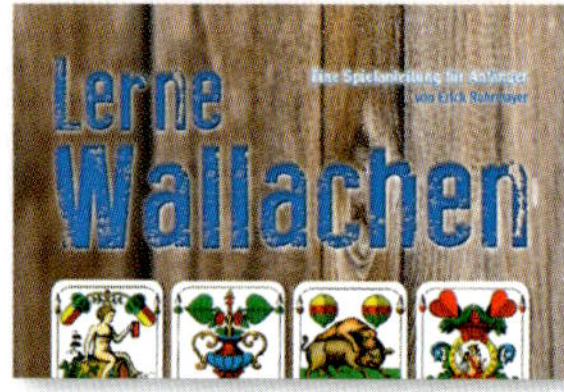

Erich Rohrmayer

Lerne Wallachen

Eine Spielanleitung für Anfänger

80 Seiten - durchgehend farbig illustriert -
Wire-o-Bindung mit Umschlag
ISBN: 978-3-95587-023-2
Preis: 9,95 Euro
Buch- und Kunstverlag Oberpfalz
www.buch-und-kunstverlag.de

Obwohl es großen Spaß macht und man nur drei Spieler braucht, wird Wallachen heute kaum noch gespielt und ist somit vom Aussterben bedroht. Erich Rohrmayer möchte mit diesem Buch einen Beitrag dazu leisten, das Wissen über dieses wunderschöne Spiel weiterzutragen und neue Spieler dafür zu begeistern.